智元微库
OPEN MIND

成 长 也 是 一 种 美 好

先に亡くなる親と
いい関係を築くための
アドラー心理学

伴你老去的勇气

如何陪伴
日渐老去的父母

〜〜〜

[日]岸见一郎 著

敬雁飞 译

人民邮电出版社
北京

图书在版编目（CIP）数据

伴你老去的勇气：如何陪伴日渐老去的父母／（日）
岸见一郎著；敬雁飞译. -- 北京：人民邮电出版社，
2024.6
ISBN 978-7-115-64048-2

Ⅰ．①伴… Ⅱ．①岸 ②敬… Ⅲ．①父母－养老－
通俗读物 Ⅳ．①C913.6-49

中国国家版本馆CIP数据核字(2024)第055708号

◆　　著　[日]岸见一郎
　　　　译　　敬雁飞
　　责任编辑　王　微
　　责任印制　周昇亮
◆ 人民邮电出版社出版发行　　北京市丰台区成寿寺路 11 号
　邮编 100164　　电子邮件 315@ptpress.com.cn
　网址 https://www.ptpress.com.cn
　涿州市京南印刷厂印刷
◆ 开本：880×1230　1/32
　印张：6.5　　　　　　　　　　　2024 年 6 月第 1 版
　字数：150 千字　　　　　　　2024 年 12 月河北第 5 次印刷
　　　著作权合同登记号　图字：01-2020-2619 号

定　价：59.80 元
读者服务热线：（010）67630125　印装质量热线：（010）81055316
反盗版热线：（010）81055315
广告经营许可证：京东市监广登字 20170147 号

推荐序

一位哲人说过，每个人的晚年都是一场血雨腥风。国家卫生健康委员会调查数据表明，到 2035 年，中国 60 岁及以上老年人口将突破 4 亿，占总人口的 30% 以上。这将给我国的经济、社会和政治等各方面带来深刻的影响，加之"少子化"的趋势，对于政府和个人来说，这将是一次前所未有的挑战。

随着老年的到来，人体各个器官的衰老是无法避免的。医疗水平的提高与进步虽可以延缓机体衰老并减轻其造成的伤害，但却无法避免老去。尽管如此，人们还是希望自己能够度过"幸福的晚年"。

日本哲学家岸见一郎先生在照护患有阿尔茨海默病的父亲的过程中，逐渐体会到其中的种种不易，渐渐明白了既然不能回避，就要勇敢、快乐地去面对，让照护父亲这件充满压力的事，通过自己的爱、巧思与智慧，变得和乐自在。

岸见一郎先生以医者和作者的视角，将自己照护父亲的心路历程以及照护心得写成了这本书。他诠释和解答了我们能为陪伴我们长大的父母做些什么，如何改善与父母的关系，如何做好心理准备来陪伴渐渐老去的父母、接纳父母的变化、理解父母的言行并恰当地应对，避免与父母陷入不必要的冲突等已经遇到过的或将要遇到的种种困惑。

杨　军

北京健康教育协会常务理事

北京脑血管病防治协会监事

北京高血压防治协会副秘书长

山西医科大学客座副教授

《中国预防医学》杂志、《慢性病学杂志》编委

/ 序 /

有一天，报纸上刊登了一篇报道，讲的是一名男子与患有认知症①的母亲相依为命。为了照顾母亲，男子不得不辞去工作。一天，吃完早饭后，母亲问他："你不上班，这行吗？"男子忍不住提高嗓门："我没工作，不都是因为你吗？"报道里写道，男子明知母亲这么说是因为患了认知症，却仍然控制不住情绪，他为这样的自己感到害怕。

读到这篇报道时，我无法以旁观者的心态处之。因为，我也开始照顾年迈的父亲了，也会为他的言行而焦虑。当然，情况并不总是这样，也有平静度过的日子，只是工作中一遇到困难，我就常常把它归咎于自己必须照顾父亲。

父亲82岁了，被诊断为阿尔茨海默型痴呆症，起初在家里接受照护，现在已经住进了照护老人的保健机构。母亲早早

---

① 认知症（Dementia）是由各种原因引起脑部病变而导致的认知功能障碍。——编者注

就因脑梗死去世，此后，父亲独自生活了很长一段时间，其间发生了各种各样的问题，只要我们一提起，他就会抵触地说"为什么会这样，我不知道"。我设法哄劝，总算说服父亲搬回了旧时的宅子，就在我目前住的地方附近。尽管不能住在一起，但从我家过去步行只要 15 分钟左右，我想，要照顾父亲的起居，来回走动也是可以的。旧宅是父亲和母亲一起生活的地方，也是我和妹妹出生与长大的地方，时隔 25 年，父亲搬回了这里。虽然父亲不肯承认，但他确实已经无法独立生活了。那是 2018 年 11 月的事。

我的情况和一开始提到的男子不太一样，我本来就在家工作。在父亲回来的两年前，我得了重病，为了疗养大幅减少了外出工作的时间。不过，父亲回来时，刚好也是我好不容易恢复了健康，正想和以前一样出门上班的时候。

照护说起来很简单，但总得有人负责照看才成立。我没有全职上班，时间上相对自由，因此可以照护父亲。然而，光凭我一个人什么也做不到，于是除了仰仗家人的帮助，我还使用了社会上的照护服务。

一开始，我就这样在家照护父亲。可后来，在主治医生和照护管理师的建议下，我向特殊养护老人之家和照护老人的保健机构提交了入住申请。一切比预想中更早，2010 年 5 月，入住的事情就定了下来。这两家机构的男性入住者都很少，在基于申请书和面试调查结果进行讨论的会议上，我们被告知这回的申请有可能通过，但负责对接我们的机构照护管理师却说，"老实讲，很难"。

在入住机构的事情定下来之前，我本打算围绕在家照护写一本书，正为此做准备时，父亲却顺利入住了，我居然有些不知所措。不过，仔细想想，入住机构并不代表我的照护工作就此结束了。事实上，现在我也每周都要去探望父亲两回。在家照护有优点，但也确实有很多困难，至于这些困难和照护带来的负担，虽然我在一定程度上预想过，但实际的感受却不可同日而语。因此，我对刚开始照护父母的人有个建议：从一开始就把入住照护机构纳入考量中。

父亲刚回来时，我完全没考虑过要把他送进照护机构，对这种做法有抵触心理，但现在却改变了想法。父亲入住机构，在机构接受照护之后发生了哪些变化，我也会写下来。

近年来，每当有报纸和新闻节目报道关于照护的不幸事件时，我都感到非常痛心。尽管可能是做无用功，但我还是想围绕照护写一些东西，希望有助于防止类似的事情再度发生。

本书将以我学习多年的阿德勒心理学为基础，探讨如何从照护者的角度出发，减轻照护的负担，同时尽可能与需要被照护的父母建立良好的关系。阿德勒本人并没有发表过关于照护的言论，但在和父亲相处时，我就想过，如果换作阿德勒，他会怎么做呢？如果你充分理解了阿德勒思想的原则和原理，就会发现所有问题都像缠成一团的线，总能找到解开它的线头。

父亲患了认知症，因此本书中关于这种病的内容会比较多，主要是探讨照护者及家属该如何理解、如何应对认知症。另外，通过整体讨论照护这个问题来思考如何与父母相处，才能在两代人的关系上找到突破口。

目录

养老的质量取决于亲子关系

不知不觉间，父亲的情况出现异常

父亲长年独居，我不在他身边，不能准确掌握他的状况。他早就说过自己越来越健忘，但我总以为只是上了年纪的缘故。他还倾诉过自己身体不适，可我也没有当成什么严重的事。我本以为，他的生活大体是正常的。

然而，当父亲接二连三地忘记关火、遭遇交通事故、挥霍钱财时，我才意识到他不太对劲。其实早在很久之前就有了异常的苗头，要是住在一起，我肯定早就察觉了。

搬回旧宅大约两个月后，父亲病了。第二天去医院看病时，因为情形不同寻常，他被立即安排了住院。原因不是他长年所患的心绞痛，而是严重贫血。结果，父亲就这样住了两个月的院，但也没查清贫血是什么导致的。住院期间，他做了脑部MRI（核磁共振成像）检查，被诊断出患有阿尔茨海默型痴呆症。在MRI片子上，确实可以看出整个脑部和海马体都在萎缩。

由于是身体上的病，所以在检查结果显示身体有所好转之前，主治医生大概率不会准许出院，但是，假如当时的我对认知症有更多了解，应该在父亲病情稳定时就会立即让他出院。住院时，父亲还感染了肺炎，所以也不是平白无故地住了两个月之久。即便这样，也不是不能请医生设法让他早些出院。之所以没那么做，是因为在家照护了父亲两个月后，我已经快撑不住了，希望他尽可能在医院住得久一些，所以才没有积极地拜托医生。虽然每天往返医院令人疲惫，但至少在父亲住院的这段时间里，我能像他搬回旧宅之前那样，每晚睡得安心踏实。

然而，父亲出院后，他的状态便无可挽回地衰退下去。刚出院时，他脑子混乱，尽管情况很快稳定下来了，但回到之前的状态却花了相当长的时间。我后来读了书才知道，即使住院短短几天，也可能给患者的生活制造障碍，因此对待住院必须慎重。

父亲搬回旧宅前就养了一条爱犬，可出院后，他完全忘记了这条狗。父亲住院期间，我每天除了去医院，一早一晚还必定会去他家喂狗、遛狗。可没过多久，照顾狗的任务成了一桩负担，被我移交给妹妹一家。这事暂且没告诉住院的父亲。我去医院时，他偶尔会提起自己梦见了狗，所以我还想，要是出院时看不到狗他恐怕会生气，犹豫该怎么跟他解释狗不在家这件事。然而，父亲出院回家后，这条称得上是他晚年伴侣的狗，已经彻底从他的记忆中消失了。

父亲搬回旧宅前就有种种反常的表现，我虽然听说过这件事，但明确无误地看见并不是在他住院前的那两个月，而是在他出院以后。因为父亲已经无法自己购物和做饭了，所以白天我总会去他的住处。我一开始写过，他家离我住的公寓楼步行只需 15 分钟左右，所以每次有什么事，我都会过去一趟。每周一次去姬路市的大学讲课的那天，我会准备好父亲自己就能吃的便当，让他一个人待到傍晚。但是，要是对父亲的病情有更深的了解，我应该不会让他白天长时间独自待着。

其实在住院前，我也不是完全没注意到父亲的异样。比如，有时他刚牵狗出去散过步，马上又要出去散步。又比如，有时他会忘记已经吃过饭。

只有家属才能理解父母真正的样子

最令我震惊，坦白说也最令我受打击的是父亲已完全忘记了去世的母亲。当我提起"你们还一起在这栋房子里住过呢"时，他也只是寂寞地摇摇头。

这种关乎自身存在的根本性东西，父亲都已不太明白。知道这一点后，我才终于想到，他在搬回旧宅前，曾经把同样的东西重复买了好几遍；也曾经出门后找不到家，由偶然路过的附近居民开车带回来；还曾经和主治医生及房东吵架。现在回想起来或许都是得了病的缘故。

如果只是记忆障碍，只要做个简单的检查就能发现。但感情和性格上的变化，光靠问父亲几个问题是察觉不了的，只有生活在一起才能发现。我父亲的情况是，因为和人交流没问题，一些人甚至没发现他有病。

住院期间，父亲有时会半夜跑出房间，然后迷路。医院不是生活场所，在这里一定会有远离日常的体验，不论父亲还是别人都或多或少会感到混乱。但是，对父亲而言，住院带来的环境急剧变化，给他造成的混乱非常严重。

出院后，即使回归日常生活，父亲也无法再回到住院前的状态了。看到这一点，我才彻底明白被诊断为认知症意味着什么。

然而，即便亲眼看到父亲的状态和以前大不相同，即便医生诊断他患了认知症，我仍然不愿意接受现实。因为，父亲和在医院接受检查时不大一样，在日常生活中，他可以轻松做到一些检查时做不到的事。

医生检查时，会问"现在是什么季节"或"100 减 3 等于几"之类的问题，可我不认为仅凭这样的回答就能得出正确的诊断。比如"现在是什么季节"，就算外面很冷，要是一直待在开着暖气的医院里，答不出来也是可能的。父亲还被问过好几次"今天是几月几日"，但对于不上班的人来说，这并不是必须知道的信息。

父亲本来就不明白这种问答的意图是什么。在与医生建立起充分的信赖关系之前，即使接受认知症方面的检查，父亲也会摸不着头脑，无法表现出平时的实力。这种情况下得出的结果，不太能够导出正确的诊断。

因此，我想说的是，只有家属才明白父母的真实状况。通过书籍、网络或医生的解释，我们可以大概了解认知症是一种怎样的疾病。结合检查结果来进行观察，才能判断自己（而非别人）的父母是否患了这种病。但是，家属往往会对父母的状态掉以轻心或过度关注，从这个意义来说，家属也无法正确地看待父母，反而是不投入感情的第三方更有可能看清他们的病情。

我读过一本书，里面讲到，一位专攻认知症、为很多人做出过诊断的医生，只有在自己的妻子被诊断为认知症后，才知道照护病人有多么困难。即便同为认知症，表现形式也会因人而异，这位医生是专家，或许知道妻子的病情会和其他病人的病情有不同的表现，但他了解不够充分的是：对病人家属而言，被诊断出认知症并不是终点，而是一场看不到尽头的照护起点。

为何没有及时发现疾病

不管怎么说，我们总是很晚才发现病情。不仅仅是父母的病，自身的病也是如此。在父亲搬回来的两年前，我得了心肌梗死。之前，我其实已经有气喘吁吁、不能走路等明显的前驱症状（即发病之前的征兆），但我居然一次都没有把自己和这个病名联系起来，直到被救护车送去医院，医生告知我得了心肌梗死。事后回想，奇怪的是，我并非不知道这种病，只是不愿去想自己身体的异常状况是由可能致死的疾病引起的，所以就回避了这个事实，要么刻意无视自己的症状，要么就给这些症状找些无害的解释。

当医生说父亲得了认知症的时候，我并没有觉得是晴天霹雳，所以，我应该之前就已产生过这方面的怀疑，只是一直不愿承认而已。因此，在听到医生的话时，我后悔不已，觉得自己应该早点意识到的。

不过，有一点很明确：总是回头看，后悔没有早些让父亲放弃独自生活也是于事无补的。我庆幸的是，虽然父亲出过很多问题，但迄今为止都没出什么大事。现在我唯一能做的就是思考今后该怎么办。

父亲忘记了过去，也不清楚自己现今身在何处了。无论生没生病，只要上了年纪，或多或少都会出现记忆障碍，我要怎么做、花些什么样的心思才能避免记忆障碍给生活带来的严重困难呢？还有，在病人不清楚自身现状的情况下，我又该怎么帮助他，才能减轻疾病对他的负面影响呢？这些都是我在思考的问题。此外，我也想弄明白，怎么做才能稍稍减轻照护给家属带来的负担。我的基本理念是父母的人生属于父母，即使生了病，他们也应按照自己的方式生活。这将是我优先考虑的一点。但同时也要设法避免因此而过度加重家属的负担，或者反过来，为了减轻家属的负担而不够重视父母的人格。

罪恶感会令照护工作难上加难

照护到底有多辛苦，并不存在一个客观的标准。现行的照护保险制度中，总会有人来审查病人需要照护的程度，由此决定病人能够享受的照护服务的种类与时长。但有的时候，审查结果并不能反映现实。其中一个原因是，检查项目不够完善。

调查员来了，会问一些诸如"今天是几月几日"之类的问题，而平时连自己年龄都答不出来的父母，有时反而会给出准确的答案。

在调查员上门访问之前，父亲就反复地提醒自己，"什么都知道可不行啊"。可调查员一开始提问，他就像事先演练过似的，毫不犹豫地答出了自己的年龄，还精确到了具体月份。他的动作看上去也比平时敏捷多了。后面我会讲到，这是因为患者的记忆并没有消失，在调查员面前，他们有可能想起了原以为忘记的东西。

有时，情况则正好相反。采用某些调查方式，只能得出比平时水准更差的结果。如果患者还没有理解调查的主旨就突然被提问，也无法很好地做出回答，甚至还会对调查员发脾气。这和医生做检查的情况是同样的。

即使发生这样的事，调查员也是专业人士，不会仅凭患者的回答就做出判断。看到父亲发挥出比平时更强的实力，我既惊讶又困惑。比起答不出来，我还是更希望他能答出来，毕竟对家属来说，患者被判断为照护需求程度低，原本就是件值得高兴的事。可是，我又害怕照护需求程度被定低了，今后更多的负担会落到家属身上，因此希望他的照护需求程度被定得高一些。同时，我又为抱有这种想法而感到羞愧。对于希望减轻照护负担的家庭，如果患者在调查中被判定为不需要照护，或是照护需求程度较低，恐怕会很为难。

前文写过，父亲住院时，我希望他尽可能在医院里待得久一些。我本该盼望他早日康复才对，内心却怀有这样的想法，这令我产生了强烈的罪恶感。可以说，罪恶感与自责心，是令照护变得痛苦的一大原因。

调查的标准也存在问题。就算病人腰腿结实、行动自如，身体没有疾病，生活的多数方面都能自理，但只要得了认知症，照护起来就很困难。我不喜欢"徘徊"这个词，但它很能说明问题。"徘徊"应用在认知症上，指的是病人出门之后一去不回，结果在家属连想都想不到的遥远地方被收容起来。因为，病人有时会乘坐电车或出租车出行，移动出令人意想不到的距离。也有病人游荡在外时遭遇了交通事故。因此，对于有外出迷路倾向的父母，他们越是精力充沛，就越是必须时刻盯着。当然，并不是说照护卧床不起的人就很轻松。我想说的是，照护不同病人的辛苦程度是无法比较的。世上根本不存在不辛苦的照护。

父亲住院时被诊断为阿尔茨海默病，但即使知道了病名，对家属来说，它对出院后的照护工作也没有太大帮助。因为，医生并没有细说出院后我们该如何对待父亲。也许，这不是医生的工作，但当时的我还是希望能得到一些明确的指导，教我该怎么做。可是医生做出诊断后，对进一步的事却不做太多说明，或许是因为认知症的症状不能一概而论，所以很难给出普适的应对方法吧。

不过，我会在后文中写到上门护理。尽管认知症的症状很难一概而论，但关于它在生活中会具体表现为哪些形式，还是有一些具体知识的。后来负责给上门护士写指导说明的医生、定期为父亲出诊的医生都教了我很多。

父亲出院时，医生告诉我，有一种药不能改善认知症的症状，但能延缓症状的恶化，问我要不要试试。既然他都这么讲了，我也不好一口拒绝。只是一想到医生说"阿尔茨海默病的症状不能改善、只能延缓"，再想到出院后的生活，我的心情就一片灰暗。父亲被诊断为认知症时，我的心情和母亲当年被诊断为脑梗死、主治医生说再无恢复希望的时候不太一样。母亲病重时，医生告诉过我她时日无多，因此我做好了心理准备。可是，认知症患者既不会很快死去，也不会好转。换句话说，就像我后面将写到的，父亲不会很快死去，我只能一边照护父亲，一边等待他的死亡，并且不知道这种状态要持续到什么时候。这样的预想令我非常不安。

确诊患了哪种病，其实也是有好处的。至少在医疗方面，就可以决定治疗方法了。认知症有很多种类，如果误诊或处理不当，是有可能延误病情的。

此外，在照护方面也有好处。即便是认知症以外的病，当病人有个头疼脑热时，只要照护者知道这些症状并非原因不明，而是某种特定疾病导致的，就能省去很多不必要的担忧。

当然，一旦了解治疗这种病很困难，照护者虽会更加不安，可比起连发病原因都不知道，心情还是会轻松许多。

另外，在父亲被确诊为认知症后，对于他之前那些令人头疼的行为，我也能够换一种眼光看待了。只要知道父母令人费解的行为是由于认知症引起的，即使不能做出改善，我们也会原谅他们。不过实际上，我们也无法豁达地将一切都归结为"得了病"。

然而，再怎么说认知症的根源是疾病，它的症状也确实会造成一些问题。如果症状是脑部病变导致的，家属难道就束手无策，只能由着父母了吗？身为家属，我们也必须想想自己能否做点什么吧。

应该与年迈的父母建立怎样的关系

我在前文提到过，世上根本不存在不辛苦的照护，虽然确实有一些人，不论在周围人看来多么辛苦，他们自己却从来不提辛苦二字，只是坚持做着照护。无论父母的状态如何，我们都没有客观的尺度来衡量照护的辛苦程度，也无法和其他人进行比较。因此，我们可以毫不客气地讲出"没有不辛苦的照护"这种话。

不过，在本书中我想写的是照护确实很辛苦，但有没有什么方法能够减轻家属的负担呢？在实际照顾父母的时候，如果能够理解他们的言行并以恰当的方式应对，就能避免和父母发生不必要的矛盾。为此需要保持什么样的心态，我也将会谈到。只要我们以不同的态度看待照护父母这件事、看待父母，即使每天发生的事都一样，我们也能感受到照护父母的负担稍微变轻了。这不仅仅限于应对认知症的情况。在与年迈的父母相处时，如果明白站在子女的立场上应该如何去构建亲子关系，我们就能与父母维持更好的关系。即使医生说认知症无法治愈，但改善关系对改善病情（至于"改善"是什么意思，还有待讨论）还是有用的。

照护绝对不会轻松，但一味强调它的辛苦，对克服现实困难并没有帮助。既然无法回避，就只能面对。不过，这并不代表我们必须以悲怆的心情去面对照护。此外，照护父母的人生就是现实的人生，并不是照护结束后我们才开启真正的人生。让我们一点点去思考该如何看待这一切吧。

与亲生父母的关系会留到最后

在找我做咨询的人里，有些人一开始是为子女而来的，后来却意识到，他们和伴侣、和父母的关系才是首先必须解决的问题。毕竟再令父母烦恼的子女，也终有一天会离开父母自立。至于伴侣，说得极端一点，也不是不可能分手。另外，与配偶父母的关系也经常成为咨询的主题，不过配偶父母原本是外人，所以与他们的关系从一开始就有距离。

但是，即使改善了和其他人的关系，和亲生父母的关系还是会留到最后。我们从小和父母一起生活，和他们的关系比和其他人的更亲近，而关系一旦出现裂痕，也就更加难以修复。

以上是对各种关系的整体描述，具体到照护方面，则无论照护对象是配偶父母还是亲生父母，都一样非常辛苦。我母亲当初就是辞了工作，长期照顾婆婆（我的祖母）的。当时我还只是个孩子，却从没听母亲说过自己有多辛苦。我只记得听她说过，祖母是从楼梯上摔下来，把大脑的神经摔断了。现在回想起来，她恐怕就是得了认知症。

祖母从此卧床不起，再也没有出过房间。因此，我很长一段时间都没见过她，甚至连进她的房间都感到害怕。祖母卧床之前，我是被她娇惯着长大的，因此，也许是我觉得祖母变成了陌生的模样，始终不想接受这个事实。祖母就那样在家里去世了。开始照护父亲之后，我才终于明白母亲当时有多辛苦并为此感到羞愧不已。

父母健康的时候还好，但当他们需要照护的时候，子女可能已经与父母分开生活了。即便如此，子女也不可能抛弃父母。为了照护父母而与父母同住的情况也不少见。这种时候，原本的家庭关系就必然会发生变化。

鹫田清一[①]告诉我们，当现在的高中生被问到对祖父母的印象时，回答"亲戚，或者说是让父母的关系变得不正常的人"的学生增加了。

我家的情况是父亲没有和我们同住，但搬到了附近，所以白天我会去他家照护，休息日妻子也会出门去照顾老人。但这也足以对家庭关系造成影响了。对于父亲搬回来后我们必须照顾他这一点，我的女儿没有任何不满，可当我和妻子时常讨论这个以前没住在一起、几乎不会出现在我家话题里的爷爷时，女儿大概是听到了，应该也发现我有时会因疲劳而变得焦躁了。

然而，照护老人并不会让夫妻的关系变得奇怪，只是把夫妻关系的变化归咎于老人的话，处理起来比较简单罢了——夫妻因为老人的事情发生矛盾时，就可以把这事怪到老人身上。家里有老人需要照护时，家庭关系确实会受到影响，但事实上，这并不一定会让家庭关系恶化。这只是一个令家庭关系变得不同的契机，有时反而会让它变得更好。

举个例子，如果夫妻关系在照护老人之前就不好，一方或

① 日本学者，研究领域为临床哲学、伦理学。——译者注

双方都盼着离婚，而这时又必须开始照护老人的话，可能就需要把"照护给家人增添了负担"当作离婚的理由。在这种情况下，他们是为了解决夫妻之间的问题，才归咎于照护是一件非常辛苦的事。

亲子关系造成的照护困难

但是，即便没有理由必须把照护当成一件辛苦事，照护老人也或多或少会影响家庭关系，甚至改变当事人的人生。

我正值事业的黄金期，却不得不照护 20 年前就已退休的父亲，也曾为此感到"没有天理"。之前写到过，我因心肌梗死病倒，很长一段时间都没有外出工作；正当我身体恢复、想重新开始上班时，父亲又搬回来了。因此，我就更不甘心了。照护父母虽是分内事，却算不上一份工作，不会带来报酬。这和做家务没有报酬是同样的。所以，丈夫想当然地要求妻子照护公婆，妻子感到不满，发展到"因照护而离婚"的情况也是有的。当丈夫用理所当然的口吻对妻子说"因为父母需要照护，那就由你来照护"时，妻子无法接受也不奇怪。

有个电视节目讲到了抑郁症，并且使用了"丧失体验"这个词来表述。某位女演员为了照护因脑梗死而病倒的丈夫，不得不停止工作并因此诱发了抑郁症。不时有报道说，有人因照护父母不堪疲惫而自杀，或是杀死了父母。每次看到这样的报道，它们都会在我的脑海里挥之不去，原因在于，我不敢断言自己绝对不可能做出同样的事情来。

我觉得，照护长年相伴的伴侣与照护父母其实是不一样的。青山光二[①]在90岁时写了短篇小说《吾妹子哀》，里面就描写了一位患有阿尔茨海默病的妻子。它与其说是一篇以照护为主题的小说，倒不如说是一篇优秀的爱情小说。反复失禁、反复徘徊的妻子本该已经失去记忆，有一天却突然说了一些话，令照护她的丈夫杉圭介回想起二人年轻时的爱情。

"对了，我名字叫什么来着？"

"真伤脑筋啊，是叫什么来着呢。"

"不过，我不需要名字。"

"我这个人，已经被包括在杉圭介这个人里面了。"

"我这话像个哲学家呢。"

"你以前确实是哲学家。"

（青山光二，《吾妹子哀》）

读了这篇小说之后，我心想，如果是这样的夫妻，照护彼此应该不会有太大的抵触情绪。当然，这并不意味着夫妻之间的照护就很轻松。年华渐老，夫妻之间的感情也随之变深的话

---

① 日本小说家，以《吾妹子哀》（吾妹子哀し）获川端康成文学奖。——译者注

另当别论，要是夫妻关系本就面临危机，照护也会是苦事一桩吧。

至于子女照护父母的情况，则是子女未必都喜欢父母，也未必都尊敬父母。如果不喜欢、不尊敬父母，别说照护了，可能连面都不想见，不想待在同一个空间里。

因此，如果子女不是深爱父母，应该会对照护他们怀有相当强的抵触情绪吧。而且，上野千鹤子也指出，当过去拥有强大权力的父母逐渐变成需要照护的无力存在时，有的子女还会在心理上对这种变化无法接受。

或许在有的子女看来，父母完全不记得两代人之间充满矛盾的苦难日子，这是无法原谅的。有的人重视父母，在父母变得需要照护之前，就与他们维持着良好的关系；而有的人与父母之间还有问题尚未解决，就不得不开始照护父母。这两种情况下照护负担的轻重想必是不同的。我在后文中也会写到，无论过去的亲子关系如何，这时也只能当作一切都没发生过了。可是，即便这一点也让很多人觉得难以做到。

无法让父母离开脑海

当我觉得父亲身体健康、独自生活没有问题的时候，几乎就没怎么主动给他打过电话，也很少想着他。

可当父亲开始需要照护时，情况就变了。我必须时刻关注父亲的状态，这也令照护这件事变得十分辛苦。

白天，我会专门过去替父亲做饭，但晚上他只能一个人待着。我会等父亲吃完饭，确认他已睡下，然后回家。可问题总是出在我回家以后、早晨到来之前。通常，我早上 7 点半就去父亲家，最晚也不超过 8 点，不过，父亲起得更早。

因为父亲不会用遥控器操作空调了，所以有一天回家前，我就把遥控器放在了他够不着的地方。可半夜里他觉得冷，于是爬上桌子，把高处的空调电源线拔了。他连爬桌子这样不得了的事都做了，我白天还万般小心怕他摔跤，想起来真是毫无意义。此外，他夜里还会打开各个抽屉，把各种各样的东西取出来，然后就放着不管，重新上床睡觉。但是，等我上门的时候，这种事父亲很快就忘得一干二净了。因为这样的事经常发生，所以我晚上回家后，也总是不禁去想他到底在做什么。

早上我到达时，父亲多半还在睡觉。因为他一般是自己先起床换身衣服，然后接着睡，所以电视就一直开着，音量调得很大。每次到父亲家时，只要听见他的房间里传来电视的声音，我就会感到安心。可如果玄关的门开着，又听不见平时的电视声，屋里一片安静，我就很怕推开父亲房间的门。如果他正熟睡着，我就会担心他还有没有呼吸。确定他的胸口仍在起伏，我才会松一口气，不过这种时候的紧张感实在令人难以承受。休息日妻子会陪我一起来父亲家，我的担忧会因此减少一半。

父亲做出各种出乎我预料的事时，我总是很烦躁，会愤怒地想他为什么要这么做。不过，即使事后质问，他也什么都不会记得，所以这么做没有任何意义。

每天必须一大早就去父亲那里，对我而言，也是一桩苦事。如果我不去，父亲就没有饭吃，所以不能说今天累了就不去了。无论酷暑还是寒冬，无论盂兰盆节还是正月，我都得照去不误。到了节假日，我就更不可能去哪儿放松放松了。

我一直盼着能够不设闹钟就睡觉。有一段时间我请了护工，把工作交给护工后自己就可以回家，有时我会补上一觉来缓解疲劳。但即使如此，我也得设定闹钟，在一小时后起床，这种感觉非常辛苦。

据说有些和父母同住的人，夜里一听见厕所里有声响就会醒来。我家的情况是，父亲夜里独自待着，不知什么时候会发生危险，一想到这个，我就无法放松心情，但庆幸的是，还不至于要被父亲上厕所的动静惊醒。

但是，父亲入住照护机构的事刚定下来，就因腰椎压缩性骨折住院了，原因居然是夜里摔倒了。于是我不禁想，自己白天近乎神经质地小心防范他摔倒骨折，真是毫无意义。

为什么要独自扛下一切

每次看到新闻里报道和照护父母有关的事件时，我都会想，这些人为什么要独自承担起照护工作呢？难道就没有其他人可以分担一下吗？现在我明白了，短时间内帮忙倒也罢了，但有些情况下就是"事实上没有任何人可以帮忙"。"有可能帮忙照顾"和"实际帮忙照顾"是两回事。在我的孩子还很小的时候，岳母跟我说，如果需要帮忙，随时都可以叫她过去。幸运的是，孩子们几乎没有遇到突然发烧之类的麻烦。可是有一次孩子真的病了，我又因为工作不得不出门，于是想请她来帮忙看一下，给她打了电话，而这时她正在工作，这样突然拜托她，她也很难赶过来。这样的事只要有过一次，我就会觉得很难再指望岳母帮忙了。

"应该多向别人寻求帮助"这种话，谁都会说，也很正确。可是，如果真能做到就好了。现实情况是有些时候根本找不到人帮忙。"你父母就你一个孩子吗""你有兄弟姐妹吧"，周围的人会这么说。可事实上，不是所有子女都有条件照护父母。有的人和父母分开生活，照护起来会很困难；有的人在海外工作，也不可能照顾父母。找理由不做照护，就有些像找理由不做家长教师协会（Parent-Teacher Association，PTA）的负责人一样。只是就 PTA 而言，找不到理由推脱的人即使担任了负责人，一年后也就可以卸任了，而照护却无法卸任。

有时我会想，别人照护起父母来可能比我还要辛苦。这么一想，我就更倾向于独自扛下照护的担子。我觉得，尽管我白天必须时刻盯着父亲，但夜里好歹还能让他自己待着，况且他也不是卧床不起。要是连这种程度都嫌辛苦，那些照护负担更重的人又该怎么办呢？更何况，虽然父亲自己做不了饭，可只要我替他做好，他就能独立进食。这么一想，我就觉得自己没有抱怨的资格了。

可是，正如我前面写的，不论病人需要照护的程度是高还是低，只要是照护病人就没有不辛苦的。这一点，我们可以坦率地承认。在照护上和他人比较没有任何意义，每一种照护场景都有其艰辛之处，而且并不像官方调查和入住照护机构时那样，可以用分数来量化病人需要照护的程度。

有些人觉得除了自己没人能照护父母，于是独自扛下所有责任。上野千鹤子用了"逞强照护"一词来形容这种行为。

"越是用逞强的心态去照护病人，就越会拼命想要做到完美，因而加重自己的负担。"

上野千鹤子的这段话，讲的是身为儿媳妇的女性因"逞强照护"而自我绑架的情况，可能并不适用于照护亲生父母的场景。不过，我身为人子，也感觉自己是身处"逞强照护"的场景中的。或许，"逞强照护"是一种超越了性别与立场的现象，发生在很多人身上。

使用照护服务、送父母进照护机构，需要花不少钱。而且，有些人始终觉得，别人照护总比不上自己亲自来做，尽管长期由自己照护是非常辛苦的。就像现在还有人认为，孩子3岁以前不能送到机构照顾、父母必须亲力亲为一样，我觉得这两种情况很相似。

不过，我也亲身体验过照护老人的辛苦，所以，请容许我说一些严厉的话。对于那些"逞强照护"的人，要是能真正照顾好父母也就罢了，可要是当初选择独自扛下一切，却发现自己根本扛不下来，被逼到绝境，最终只能放弃照护，那么被批评没有责任感也就在所难免了。与其以那样的形式半途而废，还不如早点请人分担一部分照护工作，或者考虑使用照护服务。

让照护不那么辛苦

之所以存在"逞强照护"、抱怨照护很辛苦的现象，甚至发生中途放弃照护这种不像话的事，都是因为照护者只考虑了自己。也许会有人认为，我把话说得太严厉了。但为了克服一般人都有的那种"照护很辛苦"的想法，我们必须采用不一般的思考方式。

人们抱怨照护很辛苦，通常是有原因的。其中一种就像我前面写到的，是把照护很辛苦当成夫妻关系难以为继的理由。

因此，照护实际上辛苦与否并不重要，他们只是想利用这件事来指责对方，让夫妻关系进一步恶化。

另一种则是明明为父母做了很多，父母却不满意，还满口怨言。这样的人会到处说父母的不好。可即便这么做了，和父母的关系也不会改善。不论你过去与父母的关系如何，只要你希望照护他们时不那么辛苦，就有必要和父母搞好关系。虽然照护注定不会轻松，但起码也不要让它变得更辛苦吧。

为了达到这个目的，我们应该怎么做呢？这是我接下来要探讨的问题。不过，目前我的想法是，就照护父母的艰辛程度而言，当事者感受到的甚至是旁观者看到的好几倍，但我们既然无法回避照护父母这件事，就只能直面现实，尽可能以轻松、愉快的心态去照护他们。不过，子女也不能只考虑自己，让父母一切按照自己说的来或是牺牲他们的便利和需求。在探讨如何做到这一点之前，我将在下一章里先谈谈认知症究竟是怎样的一种病。

第一章要点

- 与他人的关系不同，我们与亲生父母的关系会留到最后。
- 不要逞强，不要害怕向别人求助。
- 照护会影响家庭关系，但未必会让家庭关系恶化。

老人的忘性，认知症的真相

"忘记"意味着什么

所谓认知症,简单地解释,就像你在进行某项工作的时候,桌面的空间突然变窄了。就连你想翻开一本书,都得先把原本摆在桌上的东西收起来。因为空间变小了,所以只有目前非拿出来不可的东西才能放上桌面。而眼前不需要的东西,就只能收起来。刚发生过的事情转眼就忘记,意味着可供使用的工作空间变得极其狭窄了。

不光是得了认知症才会这样。当我们将意识投向某一件事物时,就可能忘记其他的东西。我们沉思的时候会这样;炸天妇罗^①的时候门外来了客人，去应门时忘记还炸着天妇罗，结果起了火，这也是同样的道理。

从我父亲身上可以看出，这一类忘记，其实不是真正的忘记。另外，"不是忘记，而是本来就不记得"的解释也不恰当。因为，大多数情况下，只要跟他聊一聊，他就能想起来。只不过，即使这样唤起了他过去的记忆，但只要有了更优先的事，他又会马上把过去的事忘掉。

如果工作空间的比喻不好理解，也可以把认知症解释为无法同时进行多项操作。比如用计算机时，我们可以同时打开多个程序，来回切换操作。在这种情况下，当我们切换到某一个程序时，并不需要把之前使用的程序关掉。能够同时开着多个程序并切换使用，工作起来就很方便。要是用一个程序时必须把另一个程序关掉，就会既麻烦又浪费时间。而父亲的状态，就相当于无法同时打开多个程序了。

这样一想，我们就可以理解为记忆并不是消失了，而是被压缩了。压缩记忆，就可以腾出一些工作空间来。不过，如果记忆没有消失而只是被压缩了，那么必要的时候还是可以解压的。

因为工作空间变窄，想要一次性记住很多东西来维持行动

---

① 天妇罗是一种日式菜品，泛指用面糊炸的菜。——编者注

就很困难了，因此，不要让病人的日常生活发生太大的变化，这一点很重要。

这里说的变化，并不是指四月里天气好的日子去看花之类的事，而是指父亲从过去住的地方搬回旧宅，或是住进医院这一类生活上的重大变化。当然，住院是必要的，为了方便照护而搬到新地方来也是必要的，而且这种情况下保持生活不变化并不现实。但至少我们应该事先知道，环境的变化或多或少会让父母感到混乱。

每次环境发生变化时，父亲为了适应新状况，需要记住一些新知识，可这样一来，就会把之前记得的东西全忘掉。也只有忘记之前的事，他才能习惯住院生活，可出院之后，他又得花上一段时间，才能适应住院前的生活。父亲出院时忘记了当初带回旧宅的狗，也是因为这个原理。住院期间，他为了适应医院的生活，只好把待在家里时的记忆暂时压缩起来、搁置一旁。出院后，再忘掉医院里的一切，把过去的事情想起来即可。事实上，父亲出院大约一个月后，再去同一家医院做检查时，已经彻底忘记自己在这儿住过院了。

什么是认知症

要问什么是认知症，如果翻一翻书本的话，就可以看到这样的解释：由于脑部出现器质性障碍，智力功能下降，变得难以维持日常生活与社会生活。

这里说的智力功能下降，即认知功能下降，根源在于脑部的器质性障碍。实际上，通过 CT 或 MRI 检查，可以看到病人的整个脑部和海马体都在萎缩。正因为根源在于脑部的器质性障碍，所以认知症是不可逆的，也就是说无法治愈。不过，最近也发现了一些病情好转的案例。关于这种病，我们尚未了解的东西还有很多。

认知症，就是后面将提到的记忆障碍、定向障碍等症状的集合，其特点是症状不能一概而论，治疗方法也因人而异。即使出现了记忆障碍、定向障碍等多种症状，也可能是其他疾病而非认知症。本书不会详细论述其中的区别。

我父亲的情况是，通过 MRI 检查被确诊为阿尔茨海默型痴呆症，同时也有脑梗死的迹象，我认为不能排除由于脑血管障碍导致了认知症的可能性，但这个想法正确与否，只能交给专家去判断了。至于会产生幻视的路易体痴呆症，和阿尔茨海默型痴呆症的治疗方法亦有不同。

认知症的症状可分为核心症状与周边症状。

核心症状包括废用综合征，它在医学上是指某种身体功能原本不算差，但因为不怎么使用，导致功能弱化的情况。因为脑梗死而一直瘫痪在床，肌肉就会退化。同样，如果长期独居而少与人交流，认知障碍也会加重。关于这一点，后面会继续探讨，不过，病人在使用日托服务、增进与他人的交流后，症状是有可能得到改善的。

核心症状还包括记忆障碍与定向障碍。

记忆障碍与危机感

回想起来，父亲其实很久以前就向我倾诉过自己健忘。但不论是他本人还是我，都以为只要上了年纪，人多多少少都爱忘事。

有一种说法是，关于健忘这回事，只要本人能够意识到它给生活造成了障碍，并采取相应措施，那就不是认知症。这叫作"疾病意识"（即意识到自己生病了）。

记得相当久以前，父亲就说过自己记性越来越差了，而我回应，"你能发觉自己忘了事，那就没关系"。父亲说："是吗？可万一有什么东西我忘记了但没发觉呢？我害怕这个。"

根据小泽勋的解释，关于自己记得什么、不记得什么的记忆，叫作"元记忆"。而认知症，就是元记忆出了问题——当病人忘了某样东西时，就连自己忘了东西的想法都不会进入意识中。所以，就算出现记忆障碍，父亲也不会像以前那样产生危机感了。

父亲搬回来后，也抱怨过自己老是忘事，并为此头痛不已。于是，为了防止他忘事，我让他写笔记来提醒自己，但只要我不催促他这么做，他就没法养成习惯。而且，因为不是父亲自己觉得有必要才开始写笔记的，所以即使他要写点什么，第二天就全忘了。

父亲健忘的程度确实很严重，通常是刚说过的话、刚做过的事转眼就不记得了。可仔细看看又会发现他记事、忘事并非完全没有规律可循。

所谓记忆，可以分为几个阶段：掌握某个事件或知识（识记），将它保存下来不忘掉（保持），再将保存下来的信息提取出来，或是回想起来（再现、回忆）。

以父亲的情况而言，有一点是很清楚的：他忘记的都是痛苦或丢脸的事。痛苦的记忆是指他的妻子、我的母亲已经不在的事实。母亲去世时，父亲才五十几岁，所以丧偶后的人生比婚姻存续的时间还要长。当回到和母亲同住了25年之久、生养了我与妹妹的旧宅时，父亲已经完全不记得母亲了。

人们经常说，认知症病人会忘记最近的事，却会记得很久以前的事，我觉得并非如此。不过，父亲还记得战争期间的事，所以，也可能是母亲去世一事对他而言还不够久远。对父亲来说，回想起早逝的妻子大概是很痛苦的。当然，用之前提及的几个记忆阶段来讲，和母亲共同生活的记忆父亲并非没有识记，只是在再现、回忆的节点上，启动了选择功能，对要回想起什么进行了筛选。

也有人说，对于最近发生的事，病人是没有识记的，所以回想不起来；可看到父亲的情况，我认为这种说法也不正确。

父亲会忘记的另一种事是令他感到丢脸的事。父亲排便困难，每周两次有人上门护理时，护士都会帮他灌肠。可即使护士用了很长时间帮他灌肠、擦拭，他转眼就会忘记这回事。灌肠时，父亲并没有睡着，还和护士说了话，可事后他连这个也会忘掉。护士离开后，父亲通常就躺在那里睡了过去，到了午饭时间，不用叫他也会自己起床。可到了这时候，无论是护士上门的事还是灌肠的事，他都丝毫没有印象了。即使我说护士来过了，他也只会回答一句"是吗，不知道"。曾经有一次，我听见父亲告诉护士，"灌肠最痛苦了"。可见，他并非想不起来，而是不愿想起来。

有一天，父亲肚子不舒服，罕见地自己排了便。当时我在场，于是事后帮他清理了一把。父亲已把护士帮他灌肠的事忘掉了，却记住了这件事。我本以为，让儿子帮这种忙，对自尊心很强的父亲来说是难以忍受的，所以应该会忘记。可那天父亲却说："我好像有点拉肚子，所以不吃晚饭了。"虽然他会忘记自己麻烦过护士，但那天直到傍晚我回家，他都没有忘记我帮了他，大概是不想再次麻烦我，所以才决定不吃晚饭了。

类似这样，父亲忘起事来并非不讲道理。但这到底能不能称为记忆"障碍"，目前还很难判断。

过去不是"忘记了"，而是"改变了"

前面讲的这些事，并非只会发生在认知症患者身上。我们都生活在一个构建意义的世界里。我们不需要去认知、记忆所有的东西，只需要认知、记忆对自己有意义的东西，然后逐渐遗忘它们。有时，我们明明看见了某样东西，但它却不符合我们对世界的解释，出于构建意义的需要，我们就会对它视而不见。

无论很久之前的事还是不久之前的事，也无论我们想起什么、忘记什么，都取决于我们如何看待眼前的世界和自己。一个人如果觉得这个世界很可怕，觉得周围的人很可怕，那么他就只会想起能够印证这种观念的事。

当父亲变得无法独自生活时，为了和他商量今后该怎么办，我专门去了他家一趟，那天的场景我至今还清楚地记得：

他满头白发、弯腰驼背，脚甚至还有些站不稳，和过去那个充满力量的父亲判若两人。

就是这样的父亲，在我小时候揍过我。当时自己究竟说了些什么，竟然惹得父亲动了手，我已经完全不记得了，只记得自己吓得躲到了桌子底下，还被父亲拉出来又打了一顿。此后我就一直很害怕父亲并开始回避他。

伤脑筋的是，这件事一直都没有目击者。父亲自己恐怕也不记得了。所以，连我也怀疑它是否真的发生过。

尽管如此，我还是很长一段时间都没有忘记被父亲揍的这段往事，原因在于，我并非因为发生了这样的事才讨厌父亲并开始回避父亲的。事实上，我是因为不想和父亲扯上任何关系，才把被父亲殴打的事当成理由，一有机会就回想起它。

过去的事也会改变。虽然已经发生的事不能重新来过，可只要你赋予这件事的意义变了，就相当于改变了过去。有个男人想起了小时候被狗咬的事。当时他和朋友在一起，对面来了一条狗，朋友马上就跑了，所以平安无事。可他想起母亲说过，如果逃跑，野狗（现在都不这么叫了，应该说是一只流浪狗，不过以前放养的狗也有很多）会追上来，应该站在原地不动，于是他照着做了，结果他被狗咬了脚。

从那之后，他就觉得这个世界很危险，比如，在报纸上看到关于艾滋病的报道，就立刻怀疑自己是不是被感染了；走在外面，又害怕天上会掉飞机下来。

但是，他并不是因为自己被狗咬了，才觉得这个世界很危险，从而不再相信以母亲为代表的他人的话；而是因为（现在的）他觉得世界很危险，如果不小心行事就会陷入困境，才会从过去无数的记忆中回想起能够印证这种看法的事件。

不过，如果这个人对（现在的）世界和他人的看法发生改变，他讲的故事就会有所不同。前面提到的故事以他被狗咬伤而结束，但如果这件事不是虚构的，那么在现实世界中，它并不会到此为止。然而，之后又发生了什么，他却想不起来了。

有一天，这个人说"忘掉的部分我想起来了"，接着这个故事讲了下去：被狗咬伤后，他在那儿哭泣，然后一个骑自行车的陌生大叔把他带去看了医生。加上这段情节后，整个故事就完全不一样了。即使被狗咬伤的事实无法改变，这一连串事件的意义却发生了变化。

也就是说，即使遭遇了可怕的事，也会有人伸出援手……从此事可以看出，这个世界以及他人是可以信任的。为什么会有这样的变化呢？因为这个人的看法变了：世界不再是危险的地方，他人也不再是坑害自己的可怕存在，而是必要之时愿意提供帮助的伙伴。因此，为了印证这一新看法，他搜索记忆，用不同的方式去看待同一事件，想起了一个本已忘掉的情节，从而赋予整件事截然不同的意义。

这样一来，就相当于过去也发生改变了。父母看似忘记了过去的事情，可他们实际上就和那个想起了被狗咬之后的情节的人一样，如果不认为（现在的）世界是危险的，不把周围人看作坑害自己的敌人，而是当作伙伴，那么在他们无数过往的记忆中，就只会留下符合这种看法的东西。

除了对世界和他人的看法，人们对自己也会有各种各样的看法。每个人在人生道路上，都有无法回避且必须解决的课题（我们称之为"人生课题"）。包括工作的课题、交友的课题、爱的课题（与家人相处、结婚）。但有些人认为，自己唯独不具备解决关于人际关系课题的能力。

可以这么说，人的所有烦恼都是人际关系的问题。虽然人际关系如此难以应对，但人并非独自活在世上，回避与人交往也无法解决问题。

一个人对世界和他人的看法与这个人认为自己能否解决人生课题紧密相关。这是因为，如果一个人把周围的人都当成敌人，就不会想和他人扯上关系；而一个人把世界当成危险的地方，把他人当成敌人而非伙伴，也是因为这个人根本不想与任何人扯上关系。

关于"过去的记忆会改变"一事，我们也必须考虑这样的问题：如果是其他的工具，不喜欢可以换掉，可是"我"这个工具却无法替换。所以，人们无论如何也想接受现在的自己。但是，大多数人并不会无条件地喜欢自己。

人们什么时候会觉得自己还不错呢？说得消极一点，是觉得自己有优点的时候，往往也是觉得自己对别人有用的时候吧。可是，如果把周围人都当作敌人，自然不会想要对他们有用。

父母也是同样的。即使父母年轻时对他人没有好感，等上了年纪后，子女给予他们一些适当的帮助，就可以改变他们看待他人的方式。这时，他们对过去的看法会和前文讲到的那个人一样发生改变。这种改变在子女看来，或许只是他们忘了事，可实际上，这是由于他们看待自己、世界及他人的方式发生了变化——父母不再认为世界很危险、不再把他人当作敌人，（现在）自然也不会把那些不符合这种看法的过往事件回想起来了。

要怎么帮助父母才能让他们产生这样的想法，是我们接下来要讨论的问题，不过，可以先预告一下：即使父母身体不如年轻时灵便，以记忆力为代表的各种能力开始衰退，我们也可以帮助父母，让他们感到自己对别人还有用。

忘记重要的事，本身也是有意义的

哲学学者鹤见俊辅说过，人老后的昏聩是一种过滤器。父亲不记得和母亲共同生活时的事了，周围人可能认为这是过滤的失误，是记忆障碍的表现，属于认知症的一种症状。不过，若说是父亲不想因回忆而痛苦，才不愿去回想母亲的事，也说得通。

在周围人看来，和母亲共同生活这样重要的回忆，一般来说是不该忘记的。然而，这么重要的事都能忘了，说明父亲判断这么做对自己会更好，并不能立即将它定义为一种病——这样解释也可以。

如果能轻易忘记痛苦的事，活着就会变得容易很多。实际上，痛苦的事很难忘记。要是永远忘不掉，活着就会变得很辛苦。从这个意义上说，忘记痛苦的事，甚至可以说是认知症带来的一点恩惠。

说到认知症，人们的注意力总是集中在遗忘上，但病人应该还有很多记忆无法过滤的症状。和父亲聊天后，发现他把很久之前的事情都记得清清楚楚，我便想，这不光是因为大脑出现障碍，还因为他想要记得那段时间的事。

父亲至今也是这样的，如果某种东西在某种意义上对他而言是必要的，他就可以记起来。这也是为了令他自己心情愉快。最近，父亲经常想起"过去的家"。我细问后才了解，那是指他从孩提时代住到结婚之前的房子。我问他"那里现在变成什么样了"，他便露出伤感的表情，说"现在已经不在了"。不过，那栋房子以及周边的情况他都还记得，而且详细程度令我惊讶。这大概是因为父亲愿意回想起那段时光。我想，在父亲看来，回忆起自己也曾有那样的时光，是一件非常幸福的事。

短时记忆与长时记忆

基于时间轴的长短，可以将记忆分为短时记忆与长时记忆这两种。短时记忆是指持续一两分钟的记忆，而短时记忆和长时记忆之间还有持续时间为几分钟到几天的记忆，又叫近期记忆。我父亲的情况就如前文所写，他根本记不住上门护士和护工来过的事。护工来家里后会打扫、做饭，吃饭时还会和他说话，总共待上一个半小时到两小时。但只要护工道别离开，他很快就会忘记对方来过。

所谓长时记忆，是指维持时间长于短时记忆的记忆。一般认为，认知症发病以前的记忆会保持得比较好，发病以后的记忆则会出现障碍。不过，从我父亲不记得母亲这一点也可以看出，并非只有发病之后的记忆才会出现记忆障碍。

长时记忆又分为陈述性记忆与非陈述性记忆。前者又分为情节记忆和语义记忆。关于何时、何地、做了什么的记忆，被称为情节记忆，认知症最初的症状，往往就是从这一部分出现记忆障碍开始的。

语义记忆则是关于单词的意义、事实、概念的记忆。举例而言，看到钥匙，或者"钥匙"这个词，问到它的用途时，如果能够正确回答出来，就说明保持着正常的语义记忆。

非陈述性记忆，则是指不依赖语言、印刻在身体上的记忆。举例而言，用漂亮的刀工切菜、做缝纫都属于这种记忆。即使患上认知症，非陈述性记忆也会保留下来。父亲是晚年开始画画的，并且非常讲究。他在日托机构玩填色游戏时，并不是用单一的颜色把画面涂满，而是会用几种不同的颜色来进行细致的区分。

父亲进入照护机构后，很长一段时间里都没人知道他会画画，直到有一次机构对家人做了问卷调查，我写上了父亲会画画的事，之后他就有了画画的机会。父亲不满足于只玩填色游戏，我去看望时，还见到他正对着照片专心临摹的样子。我把自己拍的鸟的照片带给他看，他便用手指比着鸟的轮廓，说："好像挺难，不过应该画得出来。"有时，他还会在画的右下角留下手写的罗马字签名。父亲在家时也会画画，不过现在比那时画得还认真。我简直无法相信他在接受认知症检查时画得那么笨拙。

另外，健忘也可以分为忘记一部分体验的良性健忘，以及忘记体验本身的恶性健忘。如果是后者，则似乎连识记这个过程都没有发生，所以也就无从回想了。但正如前文所说，父亲的情况是回想不起曾经体验的事，而并非一开始就不记得。

遗失过去的父亲说"我想从头再来"

"关于睡眠，让人安心的一点是，我们还会从睡眠中醒来，而且醒来时的状态与入睡前并无不同。因为，如果醒来时还带着梦里的记忆，这虽然奇妙，却是一种禁忌。"

玛格丽特·尤瑟纳尔《哈德良回忆录》

父亲醒来时，总是带着梦里的记忆。如果只是情绪还好，因为任何人刚睡醒时，心里都会残留一些刚刚梦见的东西所唤起的情绪。例如，我们不想出门的时候，为了支持不出门的决心，就会做让自己起不了床的梦。这种时候，梦的情节没有太大意义。即使做了梦却不记得内容也没有关系，因为我们只是为了制造一种糟糕的感觉，才做了这种梦。

有一天父亲这么说："我做了个梦，分不清是梦还是现实。我觉得，现在我脑子是不是真的出问题了？"

父亲说他分不清梦境和现实，但一般情况下他是不会分不清的。

"到底是梦见什么了呀？"我问道。

"我觉得是京都。我明知道再往前走两条街再左转就是我家，可熟识的电器店老板娘特地跑出来，说看我模样不对劲，要送我回家，然后把车开了出来……回到家后，有个我经常梦见的人在那里，但我不知道他是谁，只能看到一点侧脸。我跟他说，这里不是你的家，你回去吧。"

父亲是搬回这里半年多后，有一天说了这样的话的。他因为身体不舒服而住了院，出院时就忘记了之前住在哪里。后来，他的状态稍微稳定下来后，才说想起了一些过去的事。

不过，对于父亲而言，回忆起已经忘记的事究竟是幸运还是不幸，我一时也无法判断。昨天，和父亲长谈的时候，他这么说：

"（梦里）有人问我，'这位是夫人吗'，我瞥了一眼她的脸，但不认识。"

父亲说，记不起母亲这件事"实在是太伤感了"。话虽如此，也并不代表他真的希望回想起来。他反而还讲过"我会忘记，也是没有办法的事呀"，以及这么说："真想干脆把过去的事全部忘掉，从头开始。"

这大概也不意味着放弃。即使忘记，也不代表忘记没有意义。

站在父亲的立场上，不记得过去所带来的恐惧或许可以理解为是在涉及自己已忘记的东西时，不知道自己表现得是否恰当而感到恐惧。

我是在父亲现在所住的旧宅长大的，但他已不记得这一点了。被问到过去，在他看来恐怕就像是说前世的事吧。即使别人告诉你，你前世是谁，你也感觉不到听见的人名和自身有任何关联，也没有人能证明这一切。

而这辈子的事，哪怕失去了记忆，把过去忘得一干二净，总归还会有证人。或者即便自己不记得过去，也总会想要了解过去的自己吧。

可父亲的情况不同。即使告诉他母亲曾经和他在同一个屋檐下生活，他也像在读历史教科书似的——历史教科书上记载着事件、年份、解释。可即使读了，也不会觉得和自己有任何关系。如果不顽强地发挥一下想象力，他的内心是不会涌起任何感慨的。

再说说证人。举个例子，有一件事现在只有我和父亲才知道。在我还是孩子的时候，和父亲去过一次他从小长大的老家。那时，我在那栋房子里被马蜂蜇了。因为父亲不记得这件事了，所以它究竟有没有真的发生过，我现在也不敢断言了。

父亲失去了一部分过去，而由于没了证人，可以说我也同样失去了一部分过去。父母失去记忆之所以令我们难过，是因为那不光是父母的问题，那些我们与父母一同走过的历史，甚至在那段时间里和他们一起生活过的自己，仿佛也一同消失了。

"忘记"这件事的目的

后文会写到，我有时会和父亲起争执，起因总是一些琐碎的小事，可当时的不快却一直挥之不去。然而，父亲很快就会忘记我们吵过架。这就和过去的一些事一样，我无论如何也无法忘却，父亲却已经毫无印象了。

子女很介意的事，父母却忘记了，这也是父母希望与子女维持良好关系的一种体现。子女并不是因为发生过这样的事才至今无法原谅父母、无法与他们建立良好的关系，而是因为先下定决心不与父母维持良好关系，才从过去的记忆中搜索出了能够支持这份决心的事来。

父母不能抛弃和子女的关系，所以即使过去或现在有什么暂时的不愉快，他们也要选择忘记。这种遗忘的目的是维系和子女的关系。

综上所述，对于父母为什么会忘记过去的事，子女可以这样来理解。假如昨天被父母大声吼骂了，自己心有不甘，父母却早已抛诸脑后，子女也就不必刻意再让父母想起了。父母想和子女维持良好的关系，当然最好是不要和子女吵架，不过，子女也难免有意气用事的时候，所以也不能全怪父母。

记忆障碍也有可能不是问题

记忆障碍是认知症的核心症状，与之并列的另一种核心症状则被称为定向障碍，即对"现在是什么时候""这是什么地方""这个人是谁"的认知出现了障碍。

每个人都有过"仿佛穿越时空"的经历。当恍惚地陷入沉思时，自己就会忘记目前所在的地方。但是，如果被人搭话，就能很快从自己的世界一下子回到原本与他人共有的世界。还有，半夜突然醒来的瞬间，有时也会不知道自己身在何处，过了一会儿才想起，自己在出差，今晚住在商务酒店里。

因此，头脑暂时产生混乱也不是什么大不了的事。可父亲的情况是这种混乱给他的生活造成了困难。如果不知道自己身在何处，那么待在原地就好，可父亲却会离开原来所在的地方。

第一次发生这样的事，是在父亲住院的时候。他从房间里出去，然后就找不到回去的路了。的确，医院的构造看起来到处都差不多，无论去了多少次，都很容易找不到方向。父亲半夜出了房间会迷路，我也很理解。

父亲搬回来之前住在妹妹家附近，他当然已经不记得那个房子了。他也不记得退休后，他又开始在原单位的相关公司上班，独自住在很远的地方。他更是连旧宅在什么地方都不记得了。

此外，虽然只是短暂现象，但有段时间他连妹妹是谁都不认得了。有一天，我事先告诉了他妹妹会来，他还和妹妹说了一会儿话。可当妹妹离开座位的时候，父亲却一脸认真地问我："她是谁？"这让我很吃惊。

父亲也不太能理解我妻子是谁。因为，他一直以为我没有结婚，周末去照护他的妻子是我"好脾气的女朋友"。

有时，我去照护机构探望父亲，父亲会说："真是难得，好久不见。"他还说，他租了间公寓独自居住，让我很吃惊。父亲还会突然问我"你结婚了吗"，我问他"为什么问这个"，他回答"你没结婚，我可不能死掉啊"。这令我一时不知道该怎么回答，如果说我已经结婚了，他可以死了，这样也不行啊！

对我来说，这样的事以及前面提到的记忆障碍，并不会给照护造成太大的问题。即使父亲忘记自己刚吃过饭，只要向他指出这一点，他就会坦率地说"好吧"，然后话题就此结束。至于空间上或者说地理上，甚至时间上的定向障碍都不是大问题。我花了很长时间才接受的一点是，父亲并不理解自己如今所处的状况。

曾经，我研究生毕业后迟迟没有就业，父亲很生气；但现在，即使我每天都去父亲那里，哪怕白天一直和他待在一起，他也不会觉得有什么不对。当我离开前跟他说"明天再来"时，他也会说声"拜托了"。因为父亲已经不能独立生活，必须有人照料他的饮食起居，于是我把这个活儿承担了下来，并不得不限制外出工作的时间，可对此他好像完全不知道。

我明白，要父亲理解这种事是不大可能的，我也不想要求他感谢我的照顾。但即便如此，我还是希望他能正确理解自身的状况。一想到父亲连这样关键的事实都不知道，就算他经常转眼就忘事的毛病并没有影响交流，我也会意识到他的病已经很重了，常为此叹息不已。

痛苦是人生的一部分

父亲大概就像待在雾中，甚至不知道雾的外面还有世界。在多数日子里，他像活在梦里一样；但状态好的时候，也会突然从睡梦世界中醒过来。像这样醒来的时候，他会立即变得不安，比如会突然要求我把存折拿给他。

这样的事情通常有契机。头发长了需要打理的时候，父亲就会想起钱来。他已经不能自己管钱了，这也是他放弃独自生活的原因之一。父亲搬回来后，钱都是由我在管的，所以每次被问起存折的事，我都会吓一跳。父亲身体状况良好、天气晴朗时，他也会说"我去理个发"。但因为贫血，他很快就会气喘吁吁，走不了太远的路，况且他应该不知道哪里可以理发，身上也没有钱。当我向父亲指出这一点时，他才会意识到钱的问题。

那么，是不是什么都不知道反而更好呢？其实不然。父亲不了解自己生活的基本状况，也没有意识到自己不清楚这些，但他知道自己无法独立生活，也无法管理金钱，并为此而痛苦。或许有人觉得，不知道这样的现实更好。

但是，痛苦是人生的一部分。之后我们会探讨疾病康复的意义。康复会令本人感到痛苦，会令照护者感到困惑，但这些都可以看作康复过程的一部分。

有一本书叫《当作家失去过去》，作者约翰·贝利是哲学家、作家艾丽丝·默多克的丈夫，书中讲述了她晚年的故事。艾丽丝在 76 岁时患上了阿尔茨海默病。

书中写道："阿尔茨海默病就像悄悄升起的雾，在它不知不觉间抹去周围的一切之前，几乎不会被人察觉。之后，病人就再也不相信雾的外面还有世界了。"

这本书还写到，有一种实验性药物能给大脑带来强烈的刺激。这种药物的效果是暂时的，但短暂的药效也会让患者陷入混乱，甚至产生恐惧。我不知道它指的是否就是父亲服用的那种药，但我一直认为，即使不是用药物，而是给认知症病人看旧相册，试图让他们回忆起过去，对他们来说是不是好事也很难判断。

看到父亲的情况我还明白了，即使不服用药物，病人也可能因为某个契机使原本不可逆的病情暂时得到改善。

有一天，我去看望父亲时，得知他在夜里写了一篇文章，恳切地诉说了他最近经常感到不安。"我希望你读一读。"他这么说着，把文章拿给我看。文章写在笔记本上，有整整一页，恳切地讲述了他现在的不安感受。记得父亲刚搬回来时，偶尔会在笔记本上草草写一笔儿点吃饭之类的事，但后来，他已经连这种笔记都不做了。这次的文章字迹很难辨认，有些地方意思也不好理解，但他能写出这么长的文章来，还是让我很惊讶的，因为我本以为父亲已经写不出这样的长文了。父亲长时间待在迷雾里，甚至不知道雾的外面还有世界。然而，写文章的时候，雾似乎散去了，他才得以窥见被遗忘的过去和外界，或许因此才感到了强烈的不安。父亲在文章里写的是想和朋友聊天却找不到手机，为此很遗憾；肚子饿了却没多少钱，吃不了饭。

父亲搬回来后不久，就无法使用手机了，和之前往来的人也断了联系。对此，他并没有说什么，也没要求我做些什么。只是他会时不时突然想起什么似的对我说，"（万一夜里有什么事）如果联系不上你，就麻烦了"。我告诉他，为了避免发生这样的紧急状况，我请了医生定期上门来检查，还让护士每周来两次，想以此说服他。但很明显，这没有什么说服力。实际上，父亲正如他所担心的那样，在半夜骨折了。

父亲现在进了照护机构，我安心多了，但时不时也担心他会不会发生什么事。父亲只是在迷雾散开的时候感到不安，而我却永远无法摆脱这种不安。

但是，由于病人无法理解自己所处的状况而想要外出，结果导致了意外的发生，这样的事情我们必须设法避免。即使父母看到迷雾以外的世界会痛苦，即使照护者也会因此痛苦，这个问题基本上也只能由父母来解决。

当然，子女的倾听能帮助父母冷静下来，这么做很有意义，我也经常听父亲说话。但是，有时父母仍然会被强烈的不安所困，用我方才的比喻来讲，只要他们看到了迷雾之外的世界，这种不安就是不可避免的，照护者也无力阻止。

治不好健忘，但可以治好妄想

认知症的周边症状有：明明只是忘了自己的东西放在哪里，却妄想是被人偷走或是藏起来了；坚信配偶有外遇；认为有不存在的人和自己共同居住；还有徘徊、摆弄大便、出现攻击性行为等。

这些症状是在前文提到的记忆障碍和定向障碍等核心症状的基础上，合并了一些心理因素、环境因素二次生成的。病人在寻找不知忘在哪里的东西的过程中，渐渐确信东西一定是被人偷走了，但忘记东西放在哪里的人不一定都会陷入这种妄想。即使有核心症状，也未必有周边症状；即使有周边症状，程度也未必强烈。虽然父亲有时很情绪化，会对我发火，但几乎没有出现过妄想的症状。

在照护过程中，最让照护者感到疲惫的主要就是这些周边症状。专家指出，这种周边症状是可以治愈的。与废用综合征相关的器质性病变，以及脑部障碍直接导致的病症是无法治愈的，其他周边症状却可能治好。例如，即使健忘症治不好，东西被偷走的妄想却是可以治好的。为什么有些人表现出明显的周边症状，有些人却没有周边症状？对于这个差异，我们应该如何理解、如何应对？我将在后面进行探讨。

父母的自卑感从何而来

病人之所以会出现上述的周边症状，小泽勋解释是因为"想做的事"和"能做的事"之间差距太大，而患上认知症就很难在二者之间找到折中之法，选择符合自己能力的生活方式，因此产生不安、困惑、焦躁、混乱的情绪，结果就导致了周边症状。

"想做的事"和"能做的事"之间的差距叫作"自卑感"。那么，是否消除这种差距就可以了呢？其实事情并没有这么简单。小泽勋认为，虽然一方面必须帮助病人缩小二者之间的差距，但另一方面，认为只要消除二者之间的差距就万事大吉的想法也是错误的，比如限制病人行动、过量使用精神药物等。因为人活着并不是只做"能做的事"。"即使是现在做不到的事，也希望总有一天能做到，正是这种想法丰富了我们的生活，催生了生命的力量。"小泽勋这样说道。

我觉得小泽勋说得没错。但是，为了避免父母做危险的事，我们难免会限制他们去做实际上可能做得到的事。如果是孩子，今天做不到的事，明天可能就做得到了。很少有孩子一次都没跌倒就学会了走路，一次都没受伤就学会了骑自行车，因此即使孩子跌倒、受伤了，父母也能保持冷静。然而，父母的情况是，他们确实可能今天能做的事，明天就做不到了，所以我并不相信他们如果现在做不到，不久后就能做到。而且，父母努力尝试去做某件事时，或多或少都伴随着危险，因此我们才会限制他们的行动。实际上，这也是因为一旦他们摔倒骨折，我们照护的负担就会加重。

当然，病人及其家人都会为康复做出努力，在日托机构之类的地方也会有专业的理疗师和职业治疗师来制订康复训练计划，所以我本人对父亲的康复训练表现得不太积极。前面提到过，父亲有时会突然说要出去走一走，但我知道他之所以这么说，应该是因为不想卧床不起。

于是，我以父亲有贫血和心脏病不宜长距离步行为由打击他的积极性。他说："没什么大不了，就是绕着房子走一圈。"我想要阻止他，他便说："那要不你跟我一起吧？"于是，我陪父亲一起出了门，但没走几分钟他就放弃了。当父亲表情严肃地说"就到这里吧"的时候，我想，早知道我就不答应和他一起走了。

对双方而言最愉快、对父亲而言也容易接受的处理方式是，当父亲说想外出散步时，不多说废话就表示同意。考虑到他的病情，提醒他不能走得太久也不算废话，但实际上，他走着走着就会气喘吁吁，即使事先不提醒，他自己很快也会知道。如果他硬要勉强自己，确实有必要阻止，但父母好不容易想要走一走的时候，真没必要打击他们的积极性。父亲因贫血而住院的时候，曾和职业治疗师一起热切地进行康复训练，中途也有休息时间，但每次休息一会儿后，提出"再来一次"的总是父亲。

所谓缩短"想做的事"和"能做的事"之间的差距，就是即使现在做不到，也要抱着希望能做到的想法，努力去做自己想做的事。而"想做的事"，归根结底得是本人确实想做的，而非别人期待他们去做的事。怎样才能激发出令生活更丰富的生命力呢？准确地说，周围的照护者要提供什么样的帮助，才能让父母拥有这样的力量呢？

适当地应对父母的言行

所有的言行都适用于一条规则——人的言行并不是在真空中产生的，而是有针对的"对象"。人们通常都不希望被这个对象无视，并且想要得到某种关注。如果自己做的事无论如何也得不到别人的关注，自己就会感到困扰，这会成为问题。但也有人认为，与其被无视，还不如让周围的人，也就是这里所说的"对象"感到困扰，借此得到对方的关注。

换个角度来看，我们只能根据对方如何应对我们的言行，来改变自己的言行。而有的应对方法很巧妙，有的应对方法却是火上浇油。无论父母的言行看起来多么像挑衅，只要我们平和地回应，他们就一定会有所改变。

父母的不安和恐惧等情绪其实是为了吸引照护自己的子女的关注而制造出来的。一般的解释是，人会感到不安和恐惧都是出于某种原因的。但是，如果说人们倾诉这些情绪是带有某种目的，正是为了达到这种目的才表现出不安和恐惧，那么这种说法更能解释病人身上发生的事态。就不安而言，如果父母诉说自己很不安，照护者就不可能不当回事。把照护者的注意力拉到自己身上，正是这种不安的目的。如果只是为了获得子女关注而表现出不安，那子女越是因此关心父母，他们的不安就越是不会停止。

　　曾有一次，一位患抑郁症的老奶奶到我工作的医院来看病。在候诊室里，陪同前来的儿子与儿媳一脸担心地坐在她旁边，进诊室时也是三人一起。幸运的是，老奶奶恢复良好，精气神儿一天比一天强，但这样一来，再就诊时儿子就不陪同了。等她恢复得更好了，陪同候诊的儿媳也会说去买个东西再回来，把老奶奶一个人留在那里长时间等待。

　　身体虚弱的时候被亲人担心，她内心应该是很高兴的。但是，她在恢复健康后，却发现亲人不再像以前那么关心自己了。当然，康复以后得不到和之前同等的关注也是很正常的。但是，为了让亲人再次把注意力放到自己身上，她便摔倒了，以致大腿骨骨折。

　　子女平时就有必要帮助父母，让他们觉得没必要非受这么大的罪、诉说自己的不安和恐惧，才能吸引子女的关注。如果父母认为必须通过某种手段才能吸引子女的关注，就会像刚才的例子里一样，哪怕解决了一个问题，但自己依然得不到关注的话，马上又会制造其他问题。

回到我们谈的周边症状。如果因为父母的周边症状而否定他们、批评他们，周边症状就只会越来越严重，这是因为，父母的"对象"没有正确地应对他们的言行。

曾有位护士告诉我，让护士成为周边症状的针对目标会好一些。我经常在书里读到，很多人妄想自己东西被偷了、被人藏起来了，怀疑的目标往往是儿子的妻子。我不确定现实中是否如此，于是问了上门护士。她说，确实经常听说这种事。

"也有针对护士的情况吗？"

"有，但是，比起针对家人，还是针对护士比较好。"

如果这样一来针对家属的妄想会相应减少，那么对家属来说是件好事。

"您不反感被针对吗？"

"穿制服的时候没关系。"

但是，家人是没有制服可穿的，如果家人成为被针对的目标又会怎样呢？这个问题我没问，因为护士回答得太干脆，我一时太震惊了。

父亲很少说令周围人为难的话。可大概是因为我和父亲待在一起的时间太长，父亲在别人面前往往很平静，对我却经常表现得情绪化。

可是，在一起的时间太长其实不过是我的借口。我只是白天去照料父亲，但即使住在一起，一天到晚见面，父母应该也不会对孩子发泄情绪。我只能坦白地承认，自己和父亲的关系存在问题。

父亲和我的关系紧张并不是现在才开始的。我们过去共同生活的时候，也经常发生龃龉，以至于现在父亲一旦发泄情绪，我也无法保持平静。我本想，如果父亲不朝我的妻子和妹妹发泄情绪，而只对我发火，这也就无所谓了，但我仍然很难冷静。不过，如果在其他家人面前，父亲也表现得像在我面前一样，别人恐怕会觉得无法照护父亲，也就没有人愿意替我分担照护责任了。所以，我觉得如果父亲只把我当作发泄情绪的目标就好，这种消极的态度是为了照护考虑，而不是因为我喜欢这样。

我并不认为，父亲变得情绪化是在我面前表现出了真实的自己；而在别人面前，他有所顾虑，才勉强压抑了真实的自己。我觉得，其实更有必要反省一下自己对父亲的态度有没有改善的余地。

周边症状是为了获得对象的关注

如前所述，周边症状能否治愈，关键还要看照护者如何应对。如果知道如何对待病人能够改善周边症状，照护的负担就会减轻。我每天都去父亲那里，这本身并不构成太大的负担。确实，我因此无法正常外出工作，这是个问题；但父亲为了一些琐事（可能只是我认为的琐事）发火，对我胡言乱语，才是令我精神疲惫、有时久久无法振作起来的原因。

关于如何应对父母，如果没什么具体的方法可学，或许可以像人们常说的那样，只要用心去应对、带着爱去应对，就能抑制有问题的行为。但是，怎样才是用心地应对、带着爱去应对呢？光是这么一说，实在太空洞了。

当然，拥有这样的态度很重要。但要长期保持心平气和、温柔地对待对方并非易事。父母的言行有时也会成为导火索，让子女情绪冲动，把怒气发泄到父母身上。父母不一定是有意让子女变成这样的。多数时候，父母根本意识不到自己的言行有什么意图。

如果子女因为父母的言行而变得情绪化，那么可以说，父母通过这种方式成功地吸引了子女的关注。广义上来讲，这种周边症状的目的就是吸引周围人的关注。子女要是为此焦躁、生气，或是忧郁、绝望，父母就会想要继续激发这类情绪，好让子女进一步关注自己。无论病人还是家属，可能都没有意识到这些言行的目的是吸引关注，因此，结果就是大家都去关注这些被称为周边症状的言行了。如果子女予以关注，这些言行就会越来越严重。具体要怎么去帮助父母，才能让他们觉得不必以这样的方式去吸引关注，我们接下来会进行探讨。

子女情绪化地对待父母的目的

照护父母的子女因为父母的行为而感到焦躁时，这种情绪也同样有目的。我们常常说，自己是因为父母的行为而焦躁的，但事实上，父母的行为并不是我们焦虑愤怒的真正原因。

为了让父母停止某些行为，子女只好大声训斥父母，这就是子女对父母发火的目的。这和育儿的场景有相似之处：父母想让孩子做什么，于是对孩子情绪化地大吼大叫。遗憾的是，很多时候这样的做法只会招致孩子的逆反，并不能达到预期的效果。孩子可能会听父母的话，但并非自愿如此，而是被迫服从，因此，父母向他们发泄愤怒乍一看有立竿见影的效果，但孩子一有机会就会不断地反抗。与父母相处也是同样的道理。父母乍一看似乎退让了，但其实是在等待下一次反抗的机会。

子女情绪化地对待父母，其实就是在与父母争夺权力。子女并不认为情绪化地对待父母是件好事。但是，他们认为只要发泄情绪，就能改变父母的行为，进而把父母置于自己的支配之下。小时候，子女被父母支配，现在就想反过来主导父母。为此，即使是在微不足道的小事上，也要寻找与父母争权的机会。任何事都可以成为吵架的理由。

每天被父母折腾得团团转，照护者最终会精疲力竭。在自己孩子还小的时候，我从来不会大声训斥孩子；但在面对父亲时，我却实在忍不住，有时会大声呵斥他。而那么做了之后，我的心跳一定会加快，血压也会上升，即使回了自己家也会感到不舒服，以至于第二天不得不让妻子代替我去照顾父亲。

我会这样对待父亲，他的言行是导火索，但根本原因在于我有目的。其中一个目的就像前文所说，是希望父亲能按照我的想法去行动。但是，父亲不会因为我吼两句就退让，还是会不断重复他原来的做法，或者过几分钟就忘了我对他发过火的事。

我对父亲发泄情绪还有一个目的。我并非经常不想看见父亲的脸。我不想说自己是在"逞强照护"，但无论酷暑还是寒冬，无论盂兰盆节还是正月，我都会去父亲那里。这一方面是因为必须有人为父亲准备饮食，另一方面也是因为不管手头有什么事，我真的总想着要去看看父亲。

也许正因如此，我一直精神紧绷，连感冒都没得过。当这样的我想要休息一下，不去照顾父亲的时候，为了让自己、让别人都觉得我这么做是出于无可奈何，我才把父亲的言行当成导火索，制造出了愤怒的情绪。是我给父亲添了麻烦，其实我不需要这么复杂的程序，只要说声自己累了，想请别人来代下班，也是可以的。

脑既是身体的一部分，也是心灵的工具

认知症是脑部问题，但又不全是脑部问题。我经常觉得，把认知症理解为脑部病变，就像只相信温度计上的数字而无视体感温度一样。如果一个人感觉今天很冷，那么对于这个人来说，这种寒冷毫无疑问就是真实的。即使别人指着温度计上的数字，告诉他今天"真的"不冷也没什么意义——"可我'真的'很冷啊"。究竟谁的"真"优先级更高，这是个问题，不过，我认为实际的感受更重要。

父亲有时会一反常态地脑子很清醒，这种时候他明白各种各样的事情，我有好几次都怀疑他是不是真的病了。因为，患者不应该这么清醒，他看起来实在不像病了，我也确实希望把那样的父亲当作没病的人。

脑既是身体的一部分，也是心灵的工具。脑虽然是最为重要的工具，但毕竟只是工具，所以，无论作为工具的脑出现了

什么形式的障碍，导致言行发生了变化，大脑使用者的人格本身都不会因此而变化。

举例而言，如果双手麻痹或被束缚，就不能活动了。如果大脑有某种障碍，也会导致手无法自如地活动。但是，脑（身体）并不能支配心灵——是作为整体的"我"，希望能活动手部。心灵才能决定运动的目标，判断动手的目的，而脑是心灵的工具。脑不是心灵的起源，也不能支配心灵。

不以生产力来衡量人的价值

惯于用生产力来衡量人的价值的人、认为生产力是唯一价值的人，在年老后什么也做不了的时候，就会因悲伤而决定不去面对现实。认知症的心理背景就在于此。关于应该如何帮助患上认知症的父母，我们后面还会进行探讨，但在这里，我们可以先从"不以生产力来衡量人的价值"的角度入手。即使一个人现在什么都做不了，也不需要用这件事来衡量他的价值，而要关注他作为一个人的"存在性"，这就是对他的帮助。

有过生病后无法自如活动经历的人都应该知道，当自己身体不能动了，还总是要靠周围人照顾时，认为自己有价值是需要勇气的。

前面提到过，父亲曾经说："我会忘记，也是没有办法的事呀。"如果忘记的是遥远的过去，或许是比较容易接受的。但我认为，如果忘记的是以前住在哪里、一起生活过的人之类的事，就并不容易让人接受，因为我先入为主的想法是这样重要的事情不太可能忘记。

至于刚发生不久的事，比如，刚才放在这里的东西找不到了，如果你承认是自己忘记了，就没什么问题；但如果你不能承认，就只能制造出东西被人偷了的妄想。

人老了就无法确信自己的价值

要理解父母，你就必须理解他们的衰老。当父母变得需要照护时，子女或多或少也开始意识到衰老这件事了，所以，理解父母是如何应对衰老的并没有那么困难。随着年龄增长，牙齿会退化、容颜会衰老，身体的各处都会出现年轻时没有的问题。另外，健忘不论算不算疾病，都是一种老化现象，而且没有人能逃过它。

有工作的人总会退休。即使从事的是没有固定退休年龄的工作，人也迟早有一天会意识到自己的能力在下降，必须改变工作的内容和分量。

即便不是前面提到的那种以生产力为价值评判基准的人，在离开工作岗位时，也可能怀疑自己再也没有价值，每天都在失意中度过。尤其是那些一直属于某个组织的人，对他们来说，即使期待退休后过上悠然自得的生活，离开组织也会成为人生的一大危机。要悠然自得地生活在这个时代并不是一件容易的事。

那些一辈子都被称为"老师"的人，一旦从学校离职，再也听不到别人称呼他们为"老师"，就可能很受打击。"老师"这种称呼只是学校教师这一角色所戴的面具，要承认这一点并不容易。

不仅是老师，人一旦老了，就很难再确信自己的价值。因此，他们会通过抱怨或溺爱孙辈来让别人认同自己的价值。因为祖父母对孙辈不像父母对孩子那样负有重大的责任，所以在父母看来，老人溺爱孙辈并不是一件值得感激的事，两代人也会因此产生矛盾。

前面也提到过，父母会做一些让子女头疼的事来吸引子女的关注。他们之所以这样做，是为了在家庭中获得一席之地。

如果父母确信自己有价值，就不会做让子女头疼的事来吸引关注了。关于我们如何做才能帮到父母，也可以从中得到启示。

第二章　要点

- 我们每个人都活在构建意义的世界里。
- 即使父母衰老了，也要让他们感到自己对他人还有用。
- 不以生产力来衡量人的价值，要关注人作为人的"存在性"。

父母本人渴望怎样的老年

别认为照护是还父母债

我们不妨基于以上所述，来思考一下应该如何与父母相处。首先，想一想应该以怎样的心态（这个用词有点夸张）去面对父母。

要想减轻照护的精神负担，就一定不能觉得自己要把从父母那里得到的东西还给他们。即便父母对子女说，"这次希望你来照顾我"，子女也未必能以让父母满意的方式来回应他们的期待。子女照护父母，并不是为了偿还父母给予他们的东西。即使子女把照护做得面面俱到，也回报不了从父母那里得到的一切。作为父母，我们对子女付出并不是期望得到他们的回报。不过，可能有很多父母在养育孩子的时候是考虑到了有一天会需要子女来照顾自己的。我认为，即使父母有这样的期待，子女也不一定能满足。即使如此，从子女的立场来看，父母需要照护的时候，自己不可能什么都不做。因此重要的是明确地划出界线：自己有能力做到的事就是能做到，而做不到的就是做不到。

有些人会觉得，在家照护父母比较好。其实在家照护也好，别的也罢，一般来说，子女在照护父母时都有该做的事和想做的事，但终究只能做能力范围以内的事。

父母或许会对子女有所期待，但要子女完全满足自己的期待是不现实的。我想努力满足父亲的期待，但即便做不到，也不会为此而自责。

改善与父母的关系，可以"从现在开始"

如果亲子关系原本就不错，那么到了父母需要照护的时候，子女照料起来就会更轻松，这是事实。然而，恐怕很少有人会说，自己和父母的关系向来都很好。因为父母和子女之间有漫长的过往，其中不乏摩擦，子女对父母一般怀有复杂的情感。即便如此，当父母需要照护时，子女还是必须再次面对父母。

而且我觉得，即使父母单方面（可以这么认为）宣布自己忘记了过去，积累至今的问题也不会因此消失。即使子女一直对父母耿耿于怀，父母失去了过去，子女也会不知所措。

更进一步说，当父母失去了过去时，他们不仅失去了过去，而且有时甚至都变得不像过去的自己了。我说父母变了，倒不一定是表示否定。原本温和的父母可能变得和以前迥然不同，但反过来，曾经霸道的父母也可能变得温和。无论是哪一种情况，子女都不得不做出决定，要如何与判若两人的父母相处。

可以肯定的一点是，回顾过去已毫无意义。无论父母是否需要照护，我们都可以从现在开始，改善与父母的关系。如果不这么做，照护父母就会令人很痛苦。

重新开始与父母的关系

与年迈的父母一起生活、照护他们的时候，很重要的一点是不要设定不可能达成的目标。当父母变得需要照护时，想要立即和他们搞好关系并不简单。如果在此之前，子女就和父母相处融洽，那么之后保持良好关系或许不难。但若非如此，还想把与父母和睦相处作为目标，虽不说完全不可能，但至少非常难以实现吧。

不仅仅是在照护领域，一般来说，人想到过去都会后悔，想到未来都会不安。但是，"现在"不可能回到已经消逝的过去，为尚未到来的未来烦恼也没有意义。哪怕是人们确信会来的明天也未必一定会到来。类似的体验相信大部分人应该都有过。

在照护父母时，我们或许很难想象，自己与父母之间的过去已经不复存在。但是，我们必须做好心理准备，从头开始建立和父母的关系。这一方面意味着如果子女过去与父母关系欠佳，就可以让过去的事就此别过；另一方面也意味着，如果子女意识到父母早在自己察觉之前就需要人照护了，后悔自己没能早点发现，这种后悔也没什么意义了。

不论我们以前如何，今后也得重建和父母的关系。可是，如果我们一开始就把和父母融洽相处当作目标，那么一定会为理想和现实之间的差距而苦恼。

一开始的目标，最好还是设定为"不惹出大麻烦、安稳地生活"。如果你本来就不怎么和父母交流，还经常一开口就大吵一架，现在突然想和父母亲近起来，绝对没有那么容易。

因此，我们最好从可能达成的目标开始循序渐进地改善与父母的关系。比如，至少能做到和父母心平气和地待在同一个空间里。母亲刚去世的时候，我和父亲交流时要么发脾气，要么对他的说教感到厌烦。如果有第三人在场，哪怕只是年幼的孩子，我和父亲之间就能避免冲突。但只要我们俩单独相处，气氛马上就会变得很紧张。再次和父亲共同生活时，我最初设定的目标就是能和父亲好好地待在一处。

其实，在搬回这里的大约 10 年前，父亲来找过我，并且突然说："我想找你做心理咨询。"于是，后来我每个月都会和父亲见一面，听他讲一些话。我是不可能给父亲做心理咨询的，不过，和年轻时不同的是，我能做到保持一定的距离，冷静地与他交谈了。这对我后来照护父亲是有帮助的。但是不得不说，偶尔见父亲一面，和每天都与他长时间相处，二者之间有很大的区别。

只能和眼前的父母一起生活下去

有一点很明确：无论眼前的父母脑部状态如何，是否出现脑部萎缩、海马体萎缩，我们都必须和他们一起生活下去。

就算被诊断为阿尔茨海默病或其他类型的认知症，父母也并没有变成另一个人。即使他们的言行举止和年轻时完全不同也是如此。反过来，父母经常会说一些话，让人觉得他们和过去相比一点没变，这让我们很吃惊。无论如何，父母仍然是父母。

一般认为，人要具备"人格"，除了生物学意义上的"是人"，还需要拥有自我意识。

问题是，如果把拥有自我意识作为具备人格的条件，那么受精卵虽在生物学意义上是人，却没有人格。以此类推，也有人认为，认知症患者不具备人格。但真的是这样吗？

在此基础上，有人提出了社会意义上的人格，并将能够进行最起码的交流作为拥有人格的条件。这样一来，认知症患者也被视为有人格了，而脑死亡病人却被视为没有人格。但是，如果说脑死亡病人没有人格，家属恐怕难以接受。

对于感觉到胎动的母亲来说，胎儿并不只是一个"东西"。我的母亲过去虽未脑死亡，但因脑梗死失去了自我意识，无法与人交流。如果有人说母亲已经没有人格，我也不会同意。

戴帽子的人即使脱了帽子，也依然是同一个人。同样，不论有没有自我意识、能否与人交流，人在任何时候都有人格。即使处于昏迷状态，人也不会变成"东西"。

我之所以这么说，是因为我认为有必要把刚才讨论的"人格"作为"人"来理解。单独一个人是无法成为"人"的，也就是说，人无法脱离人际关系而存在。从人际关系的角度来看，即使是被认为没有自我意识的脑死亡病人，对于生前就认识他们的人而言，同样也是人（拥有人格）。即使是死去的人，只要还有无法忘却他们的人存在，他们就能一直拥有人格。

回到刚才的话题。父亲虽被诊断为阿尔茨海默病，不论他的脑部状态如何，就算过去的记忆消失，看起来也像变了个人，但论及他与我和家人的关系，他还是我的父亲，并且将一直如此。

去思考"怎么做"，而不是"为什么"

家里的扶桑花每逢夏季都会盛开，随着季节流转会渐渐不再长出花蕾，也不再开花。每次看到它大朵绽放，我都会对父亲说："看，扶桑花开了。"可父亲吃完早饭后睡了一觉，中午再起床看到花时，却会说"是昨天开的"。父亲生活的世界里，时间好像流逝得很快。也许对他而言，睡上一觉就是过了一天。

就这样，父亲期待开花的扶桑花渐渐地不开了，尽管如此，我还是坚持每天给它浇水。有一天，我发现它长出了花蕾。夏天热的时候，花蕾从一天天长大到花朵盛开用不了多长时间，但是秋天里花蕾很少长大。即使这样，我也没有放弃，继续给它浇水，终于有一天，它久违地开出了大朵的花。

仔细看看，其实还有其他的小小花蕾。可以确定的是，即使今天的花凋谢了，接下来的日子我也会继续照顾它。我照顾它，并不是因为它会开花。也就是说，即使它不开花了，我也不会停止照顾。突然间，我觉得这和我对父亲的感情很像。即使被医生告知认知症无法治愈，家属也不可能因此什么都不做。

无论照护中发生了什么，我们都只能接受。照护没有"为什么"，只有"怎么做"。即使你问自己"父母为什么会变成这样"，也得不到答案。照顾父母的日子就这样无可回避地拉开了序幕。

遭遇不可抗力，不要过度自责

我们必须承认，在照护的领域有不可抗力的存在。父亲腰腿很结实，若是没有贫血和心脏的毛病，自己走路是没问题的。尽管如此，我还是时刻小心防范，怕他摔倒以致骨折。老旧的民宅不同于医院和照护机构，到处都有台阶，即使是父亲以外的人，稍不注意也可能被绊倒。因为饭厅和卧室的分界处有台阶，我尽量不让父亲一个人去饭厅，但他半夜醒来或是清晨早起时经常会去那里。如果护工离开了，父亲就会自己待在饭厅里，我对此也没有办法。不过，因为他养成了饭后睡觉的习惯，我便拜托护工要在离开前催促父亲回卧室，这也是为了避免他一个人走回去时摔倒。

最初，父亲在我早上过去之前还会起床遛狗。因为路上车来车往比较危险，我叫他不要一个人出门，他也不听。有一天，父亲看到窗外的柿子树结了果，便出去摘柿子，但中途好像摔倒了。后来，用父亲的话说，"有三台车子停了下来，帮了我"。

因为这样的事不断发生，我不得不给门上了锁，让父亲自己出不去了。虽然门从里面打不开，万一发生火灾就无法逃生，但考虑到他独自出门可能遇到的危险，我也只能这么做了。如果给他机会去厨房，有时半夜里他还会把冰箱里的东西吃个精光。

"如果你出去，有可能找不到回来的路（事实上，他一个人生活的时候就出过这样的事），有可能发生交通事故。为了避免这样的事发生，夜里我就只让你在卧室和饭厅活动。不这么做的话，你可能会忘记危险，又跑到外面去。"我这么跟父亲解释过，可是有好几次他肚子饿了，想出去买东西吃时，他就会表示抗议："这么一来我不就出不去了吗？"因此我有很长一段时间也在烦恼，不确定这样做是否真的合适。要是和父亲住在一起就没有这种问题了，但当时我做不到。我还经常听说，即使从外面用棍子抵住门，人仍然可以跑出去。

尽管我已经如此小心翼翼，但是有一天早上，还是听到父亲抱怨腰疼。我瞧了瞧他的情况，第二天好像更严重了，稍微做点动作就喊疼。一问才知道，原来他曾经半夜打开窗户，想向路过的人求救。那天碰巧是上门护理的日子，护士怀疑父亲骨折了，请了主治医生出诊，诊断结果是腰椎压缩性骨折，医生马上叫救护车把他送进了医院。看样子，他好像是在夜里跌倒了。

明明都那么小心了，可结果还是这样，有那么一阵子，我灰心丧气极了。当时，刚好是我突然决定让父亲进照护机构，再过几天就可以入住的时候。这只能说是不可抗力了。即使想尽一切办法避免事故，也无法完全做到，所以我决定不过度自责。为了不失去照护的勇气，这种心态是必要的。

与家人共同承担做决定的责任

母亲因脑梗死而病倒时，去了附近的医院就诊。一开始，她预后良好，我们本以为继续在那家医院治疗就可以了；可一个月后，母亲再次病倒，我们必须决定是否把她转到有脑神经外科的医院。

我和父亲两人一起商量了一下，决定让母亲转院。因为我们离开的时间有一点久，母亲大概也明白了自己的病情非同寻常。我和父亲回来以后，她强烈地责备了我们，因为我们把她排除在外了。当时母亲的意识还很清醒，因此，我总是回想自己为什么不问问母亲的意见，只要一想起母亲那严肃的表情，我就懊悔不已。

母亲转院后，病情急剧恶化，结果，在生命的最后两个月里都没有恢复意识。在那期间，医生问我们做不做手术，可我们已经无法和母亲商量了。倒不是说我不愿承担责任，只是如果无法听取本人的意见，无论做什么样的决定，责任都会全部落在家人身上。

现在，我在父亲身边也有同样的想法。我必须替他做出一切判断。在家里照护父亲的时候，我就和照护管理师、护工、护士商量好了，万一发生了什么情况该如何应对。现在父亲进了照护机构，但在入住的那天，机构就问了我万一发生什么事，要把父亲送去哪家医院。我并没有自信在任何情况下都能做出恰当的判断。

为了不一个人扛下所有，和其他家人商量是很重要的。如果可能的话，最好也确认一下病人本人的意愿。和人商量并不能分散选择带来的责任，但会让你的心情稍微轻松一些。

不完美的勇气

我们一定不能想着无论如何都得在家里照护老人。虽然在家照护是最理想的，但重要的是得有相应的条件。如果父母这么希望，子女一定会尽可能让他们在熟悉的家里生活。我父亲的情况是，假如他还记得过去的事，那应该算是搬回了"熟悉"的家，可他完全都不知道自己是住到哪里来了，所以，在家照护的好处可以说是一点也不存在。

另外，如果父母熟悉的家离负责照护的家属住的地方很远，那么在家照护也很困难，要么需要双方搬到一起住，要么需要一方搬到另一方附近居住。这种情况下，就像前面提到过的，环境的变化多少也会令父母感到混乱。

另外，即使因为在家照护太难而想让父母入住照护机构，入住也没那么容易。很多人之所以在家照护就是出于迫不得已。这次我还知道了，男性入住照护机构尤其困难。我问了几个人为什么会这样，他们说，一般丈夫需要照护的时候，妻子可以照护他们；但妻子需要照护的时候，丈夫大多不在身边。我父亲的情况也是这样，假如母亲还健在，应该是由她照护父亲吧。

有些时候，父母并没有强烈地希望在家照护，或是拒绝使用日托之类的照护服务，可子女却不愿意使用照护服务，认为无论如何都该在自己家里照护父母。这种情况就和育儿场景下，有些人认为孩子3岁以前应该由父母亲自照看是一个道理。

有的老人确实会拒绝去日托服务机构，理由是自己在那里会被人当成小孩子一样对待。家属也不希望他们去。但是，如果家属必须一天到晚抽出时间来照护老人，负担就会很沉重。

父亲不需要人伺候他吃饭，但没法独立买东西或自己做饭。我在前面写过，因为不知道他什么时候会溜出家门，所以得一直盯着。我买东西都得趁父亲睡觉的时候去。因此，我连和别人约个时间见面都办不到。曾经，我让别人来父亲家里找我，但这样我们很难好好地交谈。父亲可能突然醒过来，这种情况下我就没法替人做心理咨询，甚至连演讲的邀请都只能推拒掉。这种状态持续了很长时间，令我备感痛苦。

设法多少减轻一点照护的负担是很有必要的。日托服务非常好用，哪怕一周只有某一天不用去操心父母的事，也会让人感到轻松。不久前，父亲还去了短期照护机构，记得是住两天一夜或三天两夜，总之夜里我不用再担心他，真是如释重负。父亲去短期照护机构的第一天早上，我久违地没用闹钟，睡到了自然醒。

父亲或许正想一个人随心所欲地待着，不过，我也感觉解脱了。日托和短期照护机构与其说是为了父母而存在，不如说是为了照护父母的子女而存在的。父亲刚进短期照护机构时，曾经半夜醒来，不明白自己身在何处，也不明白自己为什么待在和平时不一样的地方，就问工作人员："这是哪儿？我为什么在这里？"这件事被写进了记录。另外，他本以为傍晚就能回家，得知夜里得住在那里后，还激动地表示"儿子在家里等我""我要回去"。

我们应该承认，让父母去日托或短期照护机构，是为了子女好。在离开父母的这段时间内，子女的身体和精神才能得到休息，以崭新的心情面对父母。

但是，这些服务并不仅仅是为子女而存在的。让孩子去保育园对孩子的成长有帮助，同样，去日托机构对父母也是有益处的。我们选择机构前可以先参观一下，之后也去看看父母在那里过得怎么样，应该就能放心了。如果发生什么问题，机构应该具备妥善处理的能力，否则就不能用那家机构。

父亲从日托机构回家后，经常很生气，有一次还说："去那里的都是些脑子很迷糊的人，我可不想变成那样。"这让我不知道该怎么回应。"今天好累，真讨厌那样，光是在那儿等着，很无聊。要是能明确地告诉我要做什么就好了，可又什么都没说，真无聊。浪费时间，我也不能说我想做点什么。"从这些话看来，父亲非常明白自己的处境。

父亲说："以前，我会下围棋或象棋。"但是，乍一看不愿意去日托机构的父亲，其实很可能在日托机构过得挺开心。我在机构的记录上读到，父亲还在那儿唱了卡拉 OK，唱的是他年轻时学会且后来一有机会就唱的歌。所以我知道，父亲并不像他说的那样讨厌日托机构。"听说你唱了歌？"我问了父亲，可他立即就否认了："并没有。"

我自己生病住院的时候，看到医生、护士以及前来探望的人都能自由行走，就会强烈地意识到自己连自由走动都做不到，是个病号。在日托机构里，聚集了很多状态相仿的人，所以当父亲说自己脑子不迷糊时，我还有些困惑，但是，他在那里可以和其他病人或工作人员交谈，这点很重要。这是家属在自己家里照护父亲做不到的事。虽然父亲对我说了许多抱怨的话，但我觉得父亲在日托机构能与人接触，比起一天到晚只看见我应该更有利于治疗。在日托机构及父亲现在所住的照护机构里，他一天中大部分时间都是和别人一起度过的。其实，父亲看起来和坐在同一桌的人没什么交流，但他会对大声嚷嚷的人感到生气，也会和工作人员聊起过去的事。

不管怎么说，父亲白天能有几小时在日托机构度过，就是值得感激的事了。当然，父亲并不是什么都不做，实际上，他在那里是按照精心安排的程序做着各种各样的工作。

"静静陪伴"具有的力量

鹫田清一指出，不做任何事，只是安静地陪在一旁，也是具有力量的，而我们的社会忘记了评价这种力量。读了他的文章后，我意识到自己也没有认识到这种力量。

因为我一直觉得，即使一整天和父亲在一起，也没做什么特别的事。不过是准备饭菜、打扫移动马桶之类的。而父亲除了吃饭，其他时间几乎都在睡觉，所以和他待在一起，我感觉自己似乎什么都没做。这么一想，就不禁觉得别人的照护工作明明那么辛苦，自己却如此轻松。

如果认识不到"静静待在身边"本身——即鹫田清一所说的"被动行为"具有的意义，日常的照护工作就会令人很痛苦。照护绝不可能是什么都没有做，即使只是待在一旁，也是一种贡献。

这是我自己住院时想到的。虽然从 ICU（重症监护室）出来后，病情急剧恶化的可能性降低了，但有人待在身边，我才感到放心。

我所做的只不过是在父亲呆呆地望着外面或读报纸的时候，坐在同一张桌子前工作。父亲一睡觉，我就更加无所事事了。有一天，我对他说："要是你一整天都在睡觉，我就没必要过来了吧。"父亲却说："不会，因为有你在，我才能安心地睡觉。"确实，我出院后一个人住的时候，也有过不安，所以非常理解父亲的意思。

别总想着"理想的父母"

孩子出生之际，是父母人生中第一次见到孩子，而且孩子当然什么事都无法靠自己的力量完成，所以孩子的任何表现都能令父母感到高兴。父母也会把现实的子女当成自己理想的子女，不过，这种理想的子女和现实的子女没有关系，只是父母对孩子投射的想象，要让父母放弃想象、认清现实也不是多么困难的事。

但是，父母在被子女照护之前，双方之间已有很长的相处时间。在照护父母之前，子女或许认为父母无所不能，并由此发展出理想的父母形象。

作家北杜夫提起他的父亲——短歌诗人斋藤茂吉时，说过这样的话：

"小时候令我怕得不行的父亲，突然变成了截然不同的令人尊敬的短歌诗人。我完全改变了态度，开始尊敬父亲。高中时代也模仿父亲创作过笨拙的和歌。"

渐渐地，北杜夫发现茂吉显露了衰老的迹象。茂吉散步时，手里总是拿着记事本，是用来写短歌的。北杜夫总会偷偷翻看那个记事本，要是发现父亲还有旺盛的创作欲，就会安心下来；相反，要是发现短歌写得很差，就会对父亲的退化感到失望。

我可以想象，比起安心，他失望的次数应该会越来越多。我并非像北杜夫对茂吉那样，从小就对父亲怀有尊敬之情，所以不由得对北杜夫的话感到惊讶。

作家泽木耕太郎的父亲是俳句诗人，他将父亲所作的俳句整理成了书。泽木说，自己从不曾用激烈的话语顶撞过父亲，反抗父亲更是一次都没有过。在这一点上我和他很相似，不过他还说，他从小就觉得自己必须守护父亲，这让我很吃惊，因为我对父亲从来没有过这样的想法。

但是，我身边也有很多人从小就一直尊敬父母、对父母抱有纯粹的善意。对这样的人来说，如果父母衰老，尤其是如果认知症导致他们忘记过去的事，或者性格大变，那么眼前现实的父母和他们理想的父母差距就太大了。

但是，如果不能重置理想的父母形象，不能接受现实的父母，就无法与他们建立良好的关系。父母忘却的过去当中，并不都是美好的回忆。子女有痛苦的回忆，一直对此耿耿于怀，可父母却忘了这些。无论子女多么无法释怀，现实的父母都已经忘记了过去。

我们在照护父母时能做的事情之一就是不要老想着理想的父母。因为只要想着理想的父母，就会用减分法去看待他们。如果父母年轻时非常优秀，理想和现实的差距就更加令人难以接受，但是，我们也只能面对现实的父母，只能和他们而不是别的什么人相处。

不仅仅是父母，如果有人对我们的评价很高，该评价却与现实的我们有差距，只是这个人在自己头脑中制造出来的形象，而他把理想的形象和现实的我们混为一谈了，我们也会很难与这个人相处。我们希望的是，在这个人面前不需要刻意表现出好的一面，只要像平时一样做真实的自己就可以了，这样才能活得轻松。

不要错过父母求助的信号

父母也不愿意承认自己再也做不到一些事情了。例如，父母不能再开车时，要说服他们放弃就不太容易。父亲在超市的停车场里出了事故，所幸没有造成伤亡。但是，他在停车时把前后的车都给撞了，而据他后来回忆，自己当时完全没有想到要踩刹车。这次事故的记忆并没有从父亲身上消失，不过他的说法是，自己经常反复做类似的梦。我告诉他，那不是梦而是真实发生过的，他似乎也不太相信。

问题是，尽管发生了这样的事，尽管父亲已有半年多没再开过车，但他仍会时不时地突然问我，他的驾照哪儿去了。他说，这地方不太方便，没有车很困扰。虽说这里不方便，但父亲搬回来以后，一次都没有自己去买过东西。不过，当他说没有车会很困扰的时候，大概是突然意识到自己是一个人生活了。

另外，有时父母的健忘症已经很严重了，家属想让他们去看医生，他们却坚决地拒绝了。

父亲的情况是，我跟他解释了，要想使用照护服务就必须先接受检查。认知症患者大多意识不到自己的病情，因此，像前面提到过的，他们很少会为了避免忘事而把东西先写下来。

但是，父亲很早以前就开始严重健忘了，所以他并不抗拒提起这个话题。我们可以用这种方式劝导老人：谁上了年纪都会健忘，但一想到最近忘记的是关火之类的事，就会觉得危险，有药物可以治疗这种情况，"但不去医院的话就开不到药，所以，要不去看看吧"。由于父亲过去在药品公司工作，药物可以改善健忘症这种话他是能听进去的。

但是，也有父母听到这种说法会强烈地反抗，认为家人把自己当成了精神异常者。有些人同意来医院就诊，到场后却气愤地掉头走人。我听说，有医生开了处方，希望病人至少吃点药，结果那人把医生开的药全部烧掉了。这或许会让家属很难办，不过，这也可以理解为是病人对自身处境做出适当判断后采取的行动。"还没检查就随便开药，也太不靠谱了。"有这样的想法也可以说是合情合理的。

让父母去看病也一样，就算情况已经很严重，也只能拜托他们说"我很担心，希望你能去检查一下"。当然，这样做有可能会被拒绝。

父母不想承认自己的无能为力。高自尊心的父母更是很难承认自己的无能。然而，重要的是，不要忽视这样的父母发出的求救信号。

我想起了一个小学生的例子。他很久都没去上学了。这种情况下，我通常会建议父母静观其变，可是，他有一个比较紧迫的问题——他每天只喝两包牛奶，此外什么都不吃。因为正值生长期，光喝牛奶可能危及生命，所以主治医生建议让他住院治疗。问题在于孩子是否会同意住院。

他一直躲在房间里，无法和父母进行口头交流，偶尔需要交流时，就把事情写在便签上，放在房间外面。

于是，我们在纸上跟他解释了现在的状况，说明了他有必要住院，以及什么时候去医院。这样一来，他知道了住院的日期，如果不想去的话，完全可以逃走。我听了家长的描述后，觉得这么大张旗鼓是没有必要的，但入院当天，还是有三个大人进了房间，把还裹着被子的他直接塞进车里，送到了医院。不过，他完全没有反抗，这意味着他对住院的态度虽然消极，但已经接受了这件事。我觉得，当时的状况是这个孩子光靠牛奶已经无法生存了，但他又不能主动撤回之前的做法。乍一看，大人采取的是一种强制手段，但孩子并没有想要反抗，所以，他们才能在不伤害孩子自尊心的情况下，回应孩子的求救信号。

在照护中，可能是因为父母自尊心很强，所以即使有些事他们做不到，也不会开口向子女求助。这种时候，就算子女主动提出帮忙，父母也不会同意，所以，要想办法在不伤害父母自尊心的前提下帮助他们。

当无法用言语表达自己的意愿时，父母就会像这个小学生一样，用言语以外的间接方式来传达自己想要什么，或者不想做什么。父亲在入住照护机构的一周前，因腰椎压缩性骨折住了院，现在回想起来，或许就是在表明他不想进照护机构的意愿。

子女也要放弃权力

无论出于自己的意愿还是被说服了，只要父母放弃了权力，子女也必须放弃。

父母有时会做出危及自身安全的事，甚至意识不到这很危险。我在前面写过，父亲曾经爬到桌子上去关空调。遇到这种情况，我们需要坚决地制止。

为了避免危险，我们态度要坚决，必要时还需要大声地阻止，但不能带上愤怒的情绪。如果带上愤怒的情绪，这就不是坚决的态度，而是一种强迫的态度了。

因为父母年老无力就对他们采取强迫的态度，这也是不可取的。用强硬的口吻要求他们听话，即使看似见效很快，也会有很强的副作用。

哪怕不是当事人，事情与自己毫无关系，但只要待在采取强迫态度的人身边，也会感到害怕。如果再用强迫的口吻，不论是要求父母改正某种行为，还是在他们要做危险的事时进行制止，都会破坏亲子关系。

要避免情绪化，一开始可能并不容易。即使能平静地和父母说话，但只要一想到对方马上又会重复同样的行为，保持冷静就不容易了。但是，我们只能坚持不懈地告诉他们，哪些事不可以做、哪些事很危险。

如果父母反复做出让家属头痛的事，我们应该想到的是自己和他们沟通的方式还有改进的空间。我想强调的是，即使父母的行为在子女看来很成问题，我们也不能放弃制止这些行为的希望。只是如果反复出现同样的问题，则说明沟通的方式还有待改善。如果跟父母解释了，他们仍然不理解，子女或许会有想放弃的时候。然而，若是用威逼的态度来提醒父母，不仅无法改变他们的行为，还会令双方都感到不愉快。事后父母或许会忘记发生了什么事，但当时的感情似乎会留下来。

通常，我平静地做出解释之后，父亲至少会说声"明白了"。这种时候，就没必要去揣摩父母的心理，以及怀疑他们是否只是假装明白了。我们只须当他们是真的明白了就好，如果之后再出问题，到时再考虑怎么处理就行。

有一天，父亲这么对我说："你说不能做的事，我就不做。"

从"权力斗争"中退出

当父亲忘记或理解错了什么东西时，如果我质疑，父亲经常会不高兴。我的说法确实是正确的，但是，如果固执地坚持正确的东西，就会和父亲发生权力的争夺。问题在于，要想结束这种权力之争，就得让对方从权力之争中退出。

有一天，我让父亲发了很大的脾气。当时是上午 11 点 50 分，父亲看了一眼闹钟，说："吃饭吧。"我知道快到午饭时间了，但工作刚好进行到不能中断的地方，于是就说："还没到 12 点呢，稍等一下。"我每天都是带着书和电脑来父亲这里，利用空闲时间写稿子的。我这么一说，父亲便激动起来。

"你这家伙也太计较了，现在不就是 12 点了吗？"

我在写东西时，如果没写到合适的地方就被迫中断，后面想再续上，往往就想不起来要写什么了。所以，当时我就想，这事儿不能由着父亲。假如是我一不留神过了中午还在工作，可能立刻就开始做饭了，可当时还有时间。

于是，父亲更加生气了："我知道了，算了，你什么都不用做，别管我了。"

其实当时并没有超过平时吃午饭的时间，所以，我才让父亲再等一会儿。我提出的要求并没有错。对我来说，这一丁点时间很重要，不能让步。但是，仅仅因为 10 分钟就和父亲闹得如此不愉快，倒不如中断工作去配合父亲，那样的话，就不会给双方留下不愉快的感受，也不用消耗不必要的精力。如果你这么做时心有不甘，即使没有动气，也会陷入权力的争夺。人一旦产生"我没有错"的想法，就会进入这种争夺状态，届时，对与错就不再是主要的问题了。

一般来说，如果明确拒绝对方的诉求会给双方的关系造成致命的伤害，就有必要做出让步。

我们需要建立一种无须判断双方孰是孰非的关系。这样一来，即使在某些事情上发生冲突，只要不存在权力的争夺，生活也会更加平和安稳。

放宽心态，不责备父母

有时候，父母往往忘记自己刚吃过饭，子女即使不责备他们，也很难摆脱"想让他们认识到自己已吃过饭"的想法。我曾以为,就算忘记已经吃过饭,总该知道自己肚子是饱的吧,可问了护士才知道,病人控制食欲的饱中枢功能可能衰退了。

我年轻时,为了参加读书会,每周都会去大阪的老师家里。老师的母亲也在同一个屋檐下生活,大家一起读书时,她会来到起居室,问"我吃过饭了吗"。老师的妻子会微笑着回答:"您吃过了。"我当时还丝毫没考虑过照护父母的事,对这样的回答感到很惊讶。后来开始照护父亲后,我才第一次意识到,能做出这样的回答并不容易。

25年后,我也办起了读书会。我住的公寓面积狭小,而旧宅是我出生、长大的地方,结婚后也在那里和父亲短暂地同住过一段时间,之后它也一直保持着老样子,于是我在那儿办了好几年的读书会。但是,由于一开始提到的原因,父亲搬回了旧宅,我一度担心读书会能否继续办下去。那时,我想起了年轻时参加的读书会。后来,每逢办读书会的日子,我就安排父亲去日托机构,不过,父亲刚回来的那段时间,当大家一起读书时,他就在隔壁房间里睡觉。有时,父亲感觉到隔壁有人,就会出来看一看。每次见到家里来了那么多人,他都会吓一跳,然后打声招呼。可等他睡了一觉再出来时,还是会一样惊讶,再说一次"你们好"。

虽然如此,参与读书会的人却都没有惊讶,反而为父亲接受了他们而感到高兴。这和养育孩子有些像:当孩子哭起来时,如果只有父亲或母亲在场,就很难保持冷静;但如果两人都在场，就能更从容地应对。平日家里只有自己和父亲时，我总是很紧张，但只要人一多起来，我就觉得无论发生什么事都没关系了。我真希望和父亲单独在一起的时候，也能冷静地对待他，不要因为一点小事就激动。就算他已经忘记吃过饭，反复跟别人说"你好"，实际也不会伤害到任何人。

可以认真，但不要沉重

和育儿一样，在照护中，认真和沉重是两回事。在照护父母时，我们必须拼命做到认真，但没有必要搞得太沉重。我们和需要帮助的父母相处时，为了不让他们受伤，一点小事也不能懈怠，必须考虑周全。从这个意义上来说，照护父母不得不认真。不过，我们也没有必要皱着眉头叹气，诉说照护多么辛苦。有些人这样做，原因之一是想让父母知道自己有多辛苦，但是，如果是我父亲这样的情况，父母是理解不了的。能坦率地承认这一点，我们就不会和父母产生冲突了，只是，这有时很难做到。

还有一个原因是，某些人本该和自己承担同样的照护责任，却因为各种各样的理由没有参与照护，我们希望他们能明白自己有多辛苦，才跟他们诉说。照护老人当然很辛苦，但我们没有必要在告诉别人时，刻意大倒苦水。如果这么做了，对方如能理解我们的难处，帮忙一起照护的话，那诉苦还有些用处；但要是明明诉了苦，对方却不理解我们的用意，或者理解了也拒绝帮忙，我们继续保持心平气和就不那么容易了。重点是，如果希望别人帮忙一起照护，直接这么表达就可以，没必要为此强调自己多么辛苦。当然，就算直接开口拜托，对方也不一定会同意。

像这样向别人强调自己多么辛苦的时候，照护者的心态与其说是认真，不如说是太沉重了。

享受照护的心态

我这么写一定会马上遭到反对，但还是要说，我们没有理由不去享受照护父母的过程。照护这件事没有必要变得很沉重，只要做到认真，就能做到享受。

我曾听人说，因为父母想让他带着去某个地方，于是每逢假期，他都会带他们去各地散心，但父母回头就把这事给忘了，还抱怨他哪里都不带他们去。

我们其实不是"带"父母去了什么地方。樱花开了，与其说是想带父母看樱花，不如说是自己想看樱花，抱着这样的心态，才能享受赏花的乐趣。我们只是和父母一起去看了樱花，而他们也很享受赏花的过程。

这么想的话，即使之后父母忘了赏过花，我们也不会为此感到痛苦或不满了。反过来，如果不能这么想，就会像那种自称每周都会带妻子和孩子去哪里玩的丈夫一样。妻子和孩子并不是被丈夫和父亲带去了哪里，而是一起去了那里，一起享受。父母的情况也是一样的。

离开父母身边，不需要找理由

照护父亲的那段时间，我每周都得出门讲一次课，在我出门后、护工到达前，父亲只能独自待两小时。父亲吃完早饭后，通常会去睡觉，所以我觉得他应该不会有什么危险，然后才出门去。然而，偏偏总是在我出门上课的那天，他吃完早饭后迟迟不想睡觉，或是睡下了却很快醒来，以为早起后一直没吃饭，于是想去厨房。不过，即便如此，我也会做些安排，让自己能够出门、留父亲白天一个人待在家里。既然讲课的日子是这样，那么其他非讲课的日子里，父亲按理说是可以独自在家度过的。

重点是，我认为，"有工作得做"这件事是我为了把"让父亲一个人待着"这一行为正当化而找的理由。我一般会趁护工在的时候出去买东西，或者晚上去。如果这些时间都不行，我也会跟父亲打声招呼然后出门，所以并不是一天到晚都必须盯着他。但实际上，就在这样短暂的外出期间，父亲也出过事，所以，如果不是出于工作这样特殊的原因，我很难心安理得地离开父亲。

自觉和父母关系不融洽，或是在父母面前焦躁、愤怒，这些情绪也是为了将"不能照护父母"正当化而产生的。一想到要去父母那里就心情低落，也是一样的。我们并不是因为会产生焦虑、愤怒、抑郁这些情绪，才不能去父母那里照护他们的。相反，是先有了不想去父母那里的念头，为了把这种想法正当化，我们才制造出了这些情绪。这样的解释更有助于我们理解照护者身上发生的事。

如果短时间离开父母并没有问题，那么以此为前提，我们要怎么做才更好呢？答案是，我们不需要给自己找理由，就可以离开父母。也就是说，我们无须感到不安或愤怒，直接离开即可。即使不拿工作当理由，也可以直接离开。

有位绘本作家曾经连续 10 年照护自己的母亲，落合惠子[1]引用了她的话：

"那天晚上，我在车站前的咖啡店喝了咖啡。"

---

[1]　日本作家。——译者注

母亲还在家里等着她。不过，绘本作家感觉自己不想就这样回家。

"但是，那天晚上，我无论如何都想慢慢喝完一杯咖啡再回家。不管有什么事，不管怎么样，我都想这么做。实在不想直接回家……或许，母亲感应到了我的心情，觉得不能再这样让女儿累下去了，第二天清早，她就去世了……"

落合惠子写道，对于讲述了这件事的绘本作家，她也只能说一句"不要这样责备自己"。

自己没有直接回家，而是去喝了咖啡，第二天一早，母亲就去世了。这件事一定会在那位绘本作家的心里留下深深的印记。结合我先前所写的，离开父母时不需要理由，那么在这里我们也可以认为，对于不直接回家而是去喝了咖啡这件事，她没有必要特别在意。

自己喝完咖啡才回家和母亲第二天一早就去世之间当然没有因果关系。母亲去世前的那段时间，我就住在医院里。到后来，我开始觉得，如果再在这儿住一个星期，自己的身体就要吃不消了。而这个想法刚产生，母亲就去世了。因为这件事，我自责了很长一段时间，但现在，我已经觉得自己完全没有必要自责，更不用说，我当时的想法和母亲的死之间没有任何因果关系。这点道理只要冷静想想就会明白，不过，如果身处照护的旋涡中心，就会失去冷静的判断力，令心态变得沉重。

照护和育儿的区别

我曾经早晚接送孩子们上保育园，并且持续了 7 年之久。倒不是说上了小学，育儿就结束了，只是届时孩子可以独自上下学，上保育园时却必须由家长接送，所以上小学后家长的负担确实会减轻很多。育儿虽然辛苦，但每天都能感受到孩子的成长。也许昨天他们还做不到的事，今天就能做到；今天做不到的事，明天就有可能做到，这让家长充满希望。正因如此，无论每天照料孩子多么辛苦，父母都会在孩子的成长中获得回报。

然而，照护父母却与育儿相反，老人今天还做得到的事，明天可能就做不到了。成长是喜悦，退步却是悲伤……有人如此解释育儿和照护的区别。育儿只要等到孩子自立就结束了，但照护父母得一直持续下去。从这个意义来说，照护父母和照料孩子的不同点在于前者看不到"出口"。

然而，真是如此吗？出口其实是看得见的，只是看不清什么时候才会到达那个出口。出口当然是指父母的死亡。因此，我们并不是看不到出口，而是认为自己不能去看那个出口。

泽木耕太郎的父亲在 89 岁时因脑出血而病倒，他写下了照护父亲的事。泽木待在父亲的病床旁时，发现自己异常疲惫。明明什么都不用做，只是坐在床边的椅子上，却比熬夜写稿还累得多。"又深又重，像钝痛一样的疲劳。"他这样描述道。这种疲劳来自什么都不做、只是等待，也来自不知道在等什么、不能只是一味地等待。泽木说，自己只是等待早晨的到来、等待时间的流逝，但他应该知道，自己并不只是在等待时间流逝吧。

"我的想法很复杂。"泽木说。父亲就只能这样等死吗？无论如何都想让他活下去。可人总有死去的时候吧。"虽然是很模糊的想法……但现在就是父亲死去的时候吧。"泽木是这么想的。

我父亲的情况是，出口并没有近在眼前，但在"等待死亡"这一点上，我和泽木的处境是一样的。

轮到父亲时，我已经不是第一次做照护了。母亲因脑梗死住院的时候，我还在读研究生。当时，妹妹已经结婚，父亲得上班，我时间比较自由，于是就去医院守在母亲的病床边。这样的日子持续了很久。休息的日子可以换人，但工作日里，我每天都得待在母亲身边 16 小时——是"待在"，而不是照护。那是 25 年以前的事了，当时照护这个词或许还没有普及开来，我做的也不算照顾病人。因为母亲住院了，而且住的是 ICU，所以所有的事情都是医生和护士在做。或许是当时的医院并不提供全面监护，所以才让我每天待在医院里，因为不知道母亲什么时候就会死去，万一有突发情况，医院需要家属在附近。实际上，母亲的病情很不稳定，她在与病魔斗争的三个月里，后两个月已经完全没有意识了。

虽然实质上没做什么事，但一直陪在母亲的病床边也让我精疲力竭。直到有一天，我想，如果这种状态再持续一个星期，我就会病倒。那段时间里，虽然不愿承认，但我一直在等待母亲的死亡。没有办法，我就是这么想了。一想到这点，我就会陷入深深的罪恶感。结果就是在我产生了这种想法后不久，母亲就去世了，我的医院生活也到此为止了。当然，正如前面写的，我认为再待一个星期自己就会病倒，这和我母亲的死之间没有任何因果关系。我是被逼到绝境才产生了那样的想法。我想，如果母亲没有去世，如果之后我继续待在医院里，可能会患上精神官能症之类的病，好让自己和其他人都相信，我无法再守在母亲的病床边。

从结果来看，我对母亲的照护很快就结束了。但是，照护确实是看不到未来的。如果，前方的出口是父母的死亡，而我们脑子里想的只是等待父母死去，那照护就会变得令人很痛苦。

但是，我并非只是在等待。前面写过，我无所事事地待在父亲身边。虽说是静静等待着，但长期来看，也不可能什么都不做，只是一味地等待。我在想象，就像父母本希望孩子在自己身边待久一点，但不知不觉间，孩子却比预想中更早地自立了，父母也可能比子女预想中更早地去世。

不要以减分法看待父母的言行

在孩子身上，时间的流逝意味着成长，而在父母身上却并非如此，这种说法在某种意义上是正确的。我们能否不把父母逐渐丧失记忆和认知能力当成一种退步呢？

如果总想着父母以前做得到某些事，现在却做不到了，就只能用"减分法"来看待父母的言行。父母看孩子时也会有类似的心态。例如，父母与眼前现实的孩子相处时，总是把理想的孩子放在心上。对父母来说，不沉迷于游戏、努力学习、不反抗父母、总是顺从父母，这才是理想的孩子。

但是，在现实中这样的孩子根本不存在，所以父母会参照理想的孩子，用"减分法"来看待现实的孩子。如果孩子不去上学，即使他们在家帮忙做家务，也会被减分。父母会说："不做家务都行，还是去上学吧。"

即便如此，如果对象是孩子，尤其是年幼的孩子，当他们做到了曾经做不到的事时，哪怕事情再小，父母也会为之喜悦。

然而，父母的情况是曾经无所不能，现在却变得这也做不了，那也不行了，于是子女会参照曾经的父母，对现在的父母做减分。即使不把"连这样的事都做不了了"说出口，子女也会为此感到灰心与困惑。

怎样才能用"加分法"来看待父母呢？这就要求我们关注"活着"这件事本身。关于这点，我们稍后细谈。

懂得寻求帮助，也是自立的一种表现

如果把照护和育儿放在一起比较，育儿的目标是让孩子自立，那照护的目标是否也该是让父母自立？这问题难以回答。

我父亲说："我觉得自己什么都能做。"如果父母认为自己什么都能做，实际上却并非如此，照护者就会头痛。事实上，如果父母明明做不到却自以为能做到，后面就会产生很多麻烦，有时甚至是危险。在不伤害老人自尊心的前提下，让他们承认自己做不到，是需要花些心思的。

父亲其实既没法自己做饭又没法自己吃药，几乎没什么事是能做的，所以当他说自己什么都能做时，我很吃惊。不过，父母认为自己什么都能做，即便是因为有家人的帮助才做到的，也比父母认为自己什么都做不了，从而什么都不想做要好很多。

另外，周围人认为应该让老人靠自己的力量做所有的事，也是很奇怪的。有时候，即使本人能做到，周围的人提供下帮助也未尝不可。看到站起来比较困难的人时，伸出手拉一把，也不见得会损害人家的自立意识。被帮助的人也不会因为拉住别人的手站起来而变得依赖他人，自己什么都不做了。田边圣子[①]说过这样的话，我对此很赞成：

"如果一个人要花很长时间才能扣上衣服的扣子，还认为他能自立，也太奇怪了。照护这回事，最重要的是，要有不由自主伸手去扶别人走路的精神。"

我在医院工作的时候，有一回不小心扭伤了脚。当时我正从医院下班，要去大学上课，走得太快结果踩空了楼梯。幸运的是没有骨折，但疼痛却比想象中严重。看过医生后，我被诊断为两周后才会痊愈。

于是，我休息了两周。一开始，我最头痛的是不能自己去厕所。因为厕所在楼下，而我不太会用拐杖下楼梯。再加上剧痛，我只有扶着儿子的肩膀才能下楼。儿子那时还在上初中，

---

① 日本小说家。——译者注

倒是乐意帮忙。我觉得，这让父母和孩子的立场发生了逆转。虽然很感激，但还是觉得既不习惯又不舒服。

父亲刚搬回来时，也发生了这样的事。当初我扶着儿子走下的楼梯，成了父亲脚步蹒跚下楼上厕所的必经之路。因为他下得很慢，有好几次都来不及，弄脏了内衣。现在想来，我当时没有考虑到父亲的心情，把自己扭伤脚时用过的便壶递给他，说如果来不及的话可以用这个。父亲断然拒绝了。

父亲住院期间，我给家里的楼梯装了扶手。但他出院后，为了避免摔倒、骨折，我一次都没让他下过楼，而是让他使用移动马桶。可父亲一开始并没有接受。有尿意的时候，他还是想去厕所。我告诉他，他找不到厕所在哪里，让他使用移动马桶，他还跟我确认："真的可以吗，在这里？"

自己能做到某件事，却拜托别人帮忙，这是一种依赖、一种撒娇；而自己做不到某件事，向别人寻求帮助，虽然与通常意义不同，但也可以说是一种自立。相反，明明做不到某件事，却偏要自己去做，这绝对称不上自立。

第三章　要点

- 建立一种不会争论孰是孰非的关系。

- 离开父母时不需要找理由，只要离开就好。

- 不要错过父母求助的信号。

第四章

老去的父母教会我人生的意义

用积极的眼光看待老去

父母如果认为年轻才有价值，就会想方设法地避免老去。但这是不可能做到的。即使子女没说什么，他们也会参照理想的自己给现实的自己扣分。

"'和以前一样，一点没变'之类的话，也许只是自欺欺人。为什么一定要反感年龄变化的痕迹呢？"

堀江敏幸借小说人物之口如是说。很多人上了年纪，却不想让别人看出来，希望自己看起来永远年轻。但那充其量只是"看起来"年轻，实际上不可能永葆青春。

人生无法回头，身体也是同样的。衰老是不可逆的，任何人都无法逃避。人会渐渐变老，但变老并不仅仅意味着青春的消退，我们也可以从年龄的增长中看到积极的一面。

如果父母做不到这一点，周围的人就应该帮助他们，让他们学会以积极的眼光看待老去。

为没有变化而高兴

人们常说，别人家的孩子长得快。在孩子还小的时候，父母片刻也不能让他们离开视线，每一天都很操劳，因此并不觉得一年的时间很快就过去了。其他人看不到这种日积月累的辛苦，许久才见到孩子一面，所以会惊叹孩子长得很快。父母却不会这样看待孩子。不过，父母还是能发现自己孩子成长的痕迹的，有时会惊讶地意识到，不知不觉间，孩子已经学会了不久前还不会的东西。

父母的衰老是否与孩子的成长正好相反呢？也不一定。有的人偶尔才来看父亲一次，就不会像长年待在他身边的我这样留心他的变化。如果是不怎么见面的人，就根本看不出父亲的变化。

如果我们能像在养育孩子时那样把注意力放在父母做得到

而非做不到的事情上，或许偶尔也会发现昨天做不到的事情，今天他们就能做到了。但实际上，要发现这样的事并不容易。

不过，有很多能力是和昨天保持一致的。一些能力可能迅速消失，但大多数能力的消退需要经历一个缓慢的过程，所以短期看来今天和昨天并没有什么不同。在与父母相处时，我们要为这些没有变化的能力而高兴。

切实感受当下的相伴

将现在和过去做比较，我们大概就会为孩子的成长惊叹，为父母的衰老沮丧。但是，如果我们珍视的是和孩子及父母一起度过的时间，就会感到孩子的成长并没有那么快，而父母的衰老和病情发展似乎也放慢了。

每次和父亲一起笑起来，我都能真正感受到正和他相伴。我想这是因为在和父亲一起发笑，分享这份笑容时，我能切实感受到我们的意识正指向同一个方向。很多时候，我即使和父亲待在一起，他的意识也会朝着不同的方向。比如，哪怕我们几个人正一起吃饭，父亲实际上也没有融入。明明大家都还在场，因为太热而开着窗户，他只要想睡觉，就会自顾自地关上窗户去睡觉。我其实很想和父亲待在同一个地方，把目光投向同一个方向。当父亲和我同时笑起来的时候，我就知道这个愿望实现了。

不忘记过去，就不可能专注于现在。或许也可以认为，认知症病人的生活方式对我们来说是一种榜样。

"你当时是这么说的……"像这样一直记着过去，是种不幸。如果是美好的回忆也就罢了，但如果是为某件事闹了矛盾，即便只是回忆，也会损害和对方的关系。

毋宁说，我们其实往往是先决定了不与眼前的人搞好关系，才会从过去无数的事件中，回想起与这个人相处不顺的点滴来。

同样，父母不记得过去，是因为没必要回想起过去。曾经发生什么已无关紧要，他们现在只想和周围的人和睦相处，所以并不需要回忆。

前面写过，父亲曾说自己忘记了过去也是没办法的事，接着又说"真想干脆全部忘掉，从头开始"。如果一个人和别人关系不好，又想要重建与那人的关系，应该会想把之前发生过的一切都忘掉吧。可以说，忘记过去并没有想象中的那么糟糕。

当初听了父亲的话，我就想，他的意思应该是这样的："忘记过去是无可奈何的了，但是，我想珍惜现在，以及从今往后的时光。"我觉得，这不是一种放弃，而是一种面向未来而活的决心。而且，周围的人明白了父亲的决心，才能给予他相应的帮助。

用愉悦的心态对待父母重复的诉说

病人的记忆筛选有时在旁人看来很奇怪，但我认为，只要没造成实际的损害，就没有必要纠正或提醒他们。

我曾听说，有人为了让母亲接受父亲已去世的事实，给母亲看了相关的照片。我自己在得知父亲忘了母亲时，也感到痛苦。父亲搬回的旧宅，是父母带着我和妹妹一起生活过的地方。母亲去世、我结婚后，我也和妻子及父亲三人在此居住过。当我提起这些时，父亲却都不记得了。令我痛苦的是，我总觉得父亲在忘记了母亲的同时，我和父母共同度过的那段人生时光仿佛也消失了。有些事即便不是特别久远，但只要是和某人单独在一起时发生的，如果那人说自己不知道或是不记得了，我们就不可能证明它实际发生过。

父亲忘记了过去，我感到自己的过去也随之消失了，并为此难受不已。不过，这是我的问题，与父亲无关。即使父亲忘记了我认为很重要的事，其中包括母亲的事，那也是因为在他看来，"现在"已经没有必要再想起那些东西。

前面写过，鹤见俊辅说人年老后的昏聩是种过滤器。

"通过昏聩，去信赖留存在心中的东西。昏聩是种过滤器。"

老人忘记了一些事，却把另一些事记在心里是有原因的。周围的人必须相信这一点。

如果因为某种契机，比如对话时突然提起了过去，父母想起了曾经的事并感到痛苦，那种情绪也只能由父母自己来消解。我们无法阻止父母想起忘掉的事。

但是，如果周围的人给父母看照片，强迫他们回想起过去，只会让他们感到混乱。当然，即使用这种方法让父亲回想起痛苦的记忆，只要这种记忆不是现在的父亲所需要的，他很快也会再次忘记，所以不必太担心。

就像这样，父母有时会想起看似已经忘却的事。我父亲的情况是一度忘掉的记忆并非彻底一去不复返了。他还会经常想起来，并且表现得好像一直以来都牢记于心似的，让我大吃一惊。

父母反复说起的事，对他们而言都是很重要的，因此我们应该用心去倾听。翻来覆去听同样的话确实令人头痛，但如何去听也有诀窍。我有个朋友是精神科医生，他的祖母无论每次跟他说了点什么都会和他确认："这话我之前和你讲过没？"

他会这样回答："以前讲过。不过，奶奶的话听几遍都觉得很有趣。"

请仔细地倾听。他们的话并不是每一次都完全相同。即使围绕同一件事讲述，每回的重点也可能不太一样，有时会省略，有时却会增补，应该总有不同之处。另外，如果父母讲的内容每次都一模一样，光是能做到一模一样这一点，也是颇有意思的。如果一边听父母讲话，一边却埋怨他们怎么又讲一样的事，就不可能用愉悦的心态去看待他们重复诉说的行为。

后来，父亲开始反复说起"以前的家"。所谓"以前的家"，是指他从小住到结婚为止的地方。他详细地描述了那栋房子及其周边的情况。我的祖父原本是父亲的叔父，父亲是过继的养子。在父亲进门之前，祖父已经收养了他的妹妹为养女，因为祖父本该继承家业的儿子因病去世了。

"但母亲是个很难相处的人，和妹妹合不来，于是又收了我为养子。我是男的，白天要工作，不在家里待着，所以相处得还可以。"

父亲这样回忆着，但对于本该饱受祖母苛责的母亲，他却毫无印象了。

不过，大体而言，父亲是喜欢那段回忆的，假如有可能，他甚至还会想要回到那段愉快的时光。父亲能怀着积极的感情色彩回想起当时的事，说明此刻的他过得不错。

所以，当我察觉到父亲的这种变化时，即使他总说起"以前的家"，却把母亲、把入住照护机构前我一直照护他的事忘得一干二净，我也没有责怪他，只为他正心平气和地度过每一天而感到高兴。

无须让他们想起，而是从现在重新开始

看着父亲一点点地在很多事情上变糊涂，我也不禁去想，万一有一天妻子得了认知症，不再认得我是谁，那该怎么办。要是妻子忘了我，到时重新和她恋爱一次就好。我是这么想的。"你是我的妻子哦。"即使这么告诉她，把照片递给她看，恐怕也不会让爱苏醒过来。人是无法基于过去而爱的，我们只能基于当下去爱。当然，未来的事，谁也说不清楚了。无论得没得认知症，我们每天都要更新彼此的关系。不能把今天的关系看作昨天关系的延续，而要把今天视为全新的开始，这样的心态很重要。

因此，我们无须让病人去回想已经忘却的过去，而要和他们重新开始。至于我们每天都更新关系是因为疾病还是别的理由，这无关紧要。

有一天，有人给父亲看了照片，据说之后父亲就想起了母亲。当时我正好不在。回忆起母亲的时候，父亲心里想的是

什么呢？是母亲的脸庞吗？是和母亲共同生活的岁月吗……我并不认为父亲想起了自己曾经对母亲怀有的感情。

住在东京的姑父曾来探病。这位姑父是父亲妹妹的丈夫。姑姑比我母亲去世得更早，他却坚持说这位姑姑也来过……"姑姑很早之前就去世了呀。"即使这么告诉父亲，他内心似乎也毫无波澜，只是立刻转向下一个话题。

认知症就像拔牙。拔掉之前，牙齿虽然摇来晃去，却也一直立在那里，可一旦真的拔去，就再也无法恢复原状了。拔掉的牙齿（过去）就像智齿，虽然旁人会惊叹"好大一颗"，但对当事人而言却只是不再需要的东西。父亲总是在时空中自由自在地穿梭。"那是静子（父亲的妹妹）吧？"他还问过这种通常不该对子女提及的问题。在父亲看来，我又究竟是谁呢？"是谁都无所谓。"我深思熟虑，得出了这个答案。

以对方的逻辑重新看待世界

和父亲交谈时，由于他的谈吐很有条理，别人往往不能发现其中的古怪之处。有时，他的话听着并不古怪，比如他认为我还没结婚，当他这么告诉护工时，护工竟相信了，还来跟我确认。父亲的话就有些像梦话。在梦里，我们经历的事情有时是合乎逻辑的，可不管多么有逻辑，梦都只是梦，而非现实。只要醒来，一切就结束了；或者，就算没醒来，我们也可能在梦中的某个节点开始怀疑这是梦，继而梦的逻辑就会出现破绽。即便某些地方合乎逻辑，梦本质上只是建在沙土上的阁楼，只要一醒来，阁楼就会瞬间崩塌。父亲的思维逻辑模式就有些像一个永远不会醒来的人在做梦。有认识我的人问他："不会吧，您儿子已经结婚了。""他没结，我都没被请去参加婚礼。"被他这样自信满满地一说，提问的人即使原本再确信，也可能会动摇。

有人说，病人的话再奇怪也不能否定他们。不过我认为，与其说不要否定他们，不如说要试着以他们的逻辑去看待这个世界。

对于没有现实基础的个人化的逻辑，其实没有予以否定的必要，除非他们的逻辑可能伤害自身或者他人，这种情况下就必须态度坚决地加以制止。如果有人听到一个声音让他们伤害自己或他人，我们就应该告诉他们，要无视那个声音。除了这种情况，通常没有必要否定个人化的逻辑。

父亲有时会忘记自己已经吃过饭，这种时候就不要质问"你刚才不是吃过了吗"，而是要说"刚刚你吃过了"之类的。我也是花了一些时间才学会这一点的。

有一天，父亲吃过早饭后睡下了，10点左右才醒过来，却露出一副冥思苦想后的表情。那时父亲因身体不适已住院两个月，刚刚回到家里。

"今天我要回家。"

我吓了一跳，但还是先安抚他在沙发上坐下，然后问了问才知道，他以为自己只是暂住在这里，还得返回"那边"的家。

"这样啊。可你不用搬回去，这里就是家。"

"这里也是我的家吗？"

"没错。你去年退掉了之前住的房子，搬到这里了。这里就是你住过的地方，结婚以后就一直住在这儿。"

"那么，我哪儿也不用去了是吧？我还一直在想来着，以为必须回去。那边不是有盆栽吗，顶部修剪过了。我还想，反正它春天也会再长出来，我很快就要走了，还修剪它干吗呢？"

"话说，这里可以很清楚地看到电车，所以你经常盯着窗外看，还记得吗？"

"我记得很清楚。还有那个花，叫什么来着——山茶。经常有鸟飞上去。我想那些鸟很懂事嘛，就一直盯着看。对了，我还有件事记得很清楚……"

从这里开始，他的话就脱离现实了。

"那时是年底，12 月 30 号。那边修了一栋白色的两层楼房。大年底的还在施工，吓了我一跳，突然修了一栋白房子出来也吓了我一跳。"

在 12 月 30 日，父亲已经住院了，而他说的白房子，其实也早就矗立在那里了。

要是平静地跟他解释，他当时似乎能理解；而要是较真儿地指出他话中的错误，则不会有什么效果。

父亲就像这样，仿佛一直在时空里自由地穿梭。其实，只要他现在过得平安喜乐，不论他以为自己生活在哪里、什么年代，都无关紧要。哪怕他忘了各种各样的事，令家属吃惊、困惑、失望、沮丧、悲伤，那也是家属需要消化的问题，不能指望父亲去解决。即便家属以不希望悲伤失望为理由强行要求父亲从他自己的世界中走出来，回到大家共有的世界，也是不可能实现的。

只可能由照护者试着进入认知症患者的世界，而非反过来。父亲当下生活的世界自有一套逻辑，我只能努力去理解这套逻辑。即便批评父亲，说他独有的那套逻辑是错误的、古怪的，恐怕他也不会有任何改善（况且什么是"善"，也是个复杂的问题）。

个人化的时间轴与共通的时间轴

作家边见庸在数年前因脑出血病倒，住了很长时间的医院。他写到，每天都会被问"你叫什么名字""1+1等于几""今天是几月几日"之类的问题。他觉得自己被当成了智力障碍者，可事实上，这些问题他还真答不上来。能够正确回答这些问题，才被认为真正拥有回归"'现实'世界"的资格，可边见做不到。

"我恐怕更想活在个人化的时间轴上。我并不想属于这个世界。"边见写道。

医疗工作者往往希望把病人拽回共通的世界，但确实有人不需要知道今天是几月几日也过得很好，还有人不会做算数题也不影响生活。

边见曾写到，某个得了"认知症"（之所以打引号，是因为边见反感这个过于概括的说法）的婆婆，某天不知为何在被提问的过程中睡着了。其实她并不是睡着，只是在装睡，因为只有这样，才能熬过提问环节。提问结束后，她还冲边见眨了眨眼。

"那个表情是在说：'看啊，这么蠢的问题他们也问。'"

不过，要是病人所住的环境允许他们完全活在个人化的时间轴上，一切就还好。如果他们可以独立生活自不必说，但如果他们没有独立生活的能力，就只能和其他人一起生活。这种时候，共通的时间轴就是必要的，至少，必须在一定程度上理解共通的时间轴，否则一起生活就会很困难。

无论病人的意愿如何，他们都需要回到具有共通（共同）时间轴的世界，不过回归程度因人而异，除非他们单纯作为一个病人也能生存下去。

我做过心脏搭桥手术，从麻醉中一醒来就立即被拔了管，当时的感觉就像从具有个人化的时间或者说没有时间的世界里被强行拉回了共通时间轴所支配的世界。恢复意识的那一刻我才知道，在自己无知无觉间，很长一段时间已经过去了。

人睡着的时候并非失去了意识，能够模模糊糊地感觉到时间的流逝，可全身麻醉不同，那就像一幕突然降下，"我"和时间突然一起消失了。被注射肌肉松弛剂后，我陷入了连轻微活动都不能的假死状态，处于个人化的世界中，应该是无限接近死亡的状态。当然，在此期间我没有意识，什么也不记得。通常情况下，人会害怕死亡，可回到现实世界的那一刻，我有种好不容易做个美梦却被闹钟"不解风情"地吵醒的感觉。

另一个问题是，若因疾病脱离这个世界，去往只有个人化时间轴的世界，这个过程也是不可逆的。以我父亲的情况而言，回到现实世界恐怕是件难事，且回来是不是好事还不清楚。父亲不记得我曾患心肌梗死、做过心脏搭桥手术的事了，要是某一天，雾突然散去，父亲应该会为我一直陪在他身边而感到困惑吧。当雾散去、他返回现实世界时，他就会觉得这个状况很奇怪。到时，本书开头被母亲问"你不去上班没问题吗"的那个男人的心情，我或许就要体验了。

活在"现在时"的世界里

父亲早上才出门散过步，傍晚就忘了，这一开始令我很震惊。不过后来，他就连刚说过的话、刚一起做过的事也会转头就忘。虽然最终会习惯，但不止是我，大多数做照护的人都对这种事感到过困惑吧。无论自己做了什么，父母都会立刻忘记，难免令人产生一种徒劳的感觉。

要是这样去想——父亲只有"现在时"，就能理解他的言行了。不过，正如后面会讲到的，情况也并非总是如此。我会以"过去时"与父亲对话，因为每次问他什么时，虽然在他回答之前就已知道答案，但还是期望他能好好给出答案。

父亲似乎是将"现在"与无数个"过去"自由地连接在一起生活的。他说话不用"过去时"，只用"现在时"。

有一天，父亲和护士聊到了抽烟喝酒的事。"现在我不太喝了，陪别人一起的话会稍微喝点。"然而父亲"现在"并不会"陪别人"，他的"现在"，其实是指"过去"。可以说，父亲是站在"过去"（并不固定）而非"现在"的时间轴上生活的。

的确，若是现在回想起过去，过去也属于现在，所以父亲也没有错。不过，要让他给现在和过去发生的事排列一个时间顺序，尤其是给过去的事排列时间顺序，他是做不好的。

有一天，父亲这么告诉护士：

"我想这样静坐的时候，呼吸很顺畅。但我有心力衰竭的毛病，那是治不好的嘛，所以只要一动，比如去一楼上厕所后再上楼的时候，就有点上气不接下气了。"

父亲说这话时，已经不需要下楼上厕所了。我知道这一点，所以明白他实际上说的不是现在，而是以前的事。但父亲用"现在时"来描述过去下楼上厕所的事，从这点可以看出，他分不清现在和过去的区别。

有一次我听到护士问起父亲排便的情况，他回答说"最近没排"，可事实上，因为他平时会灌肠，所以肯定是正常排过的，毕竟我们请护士上门就是为了这个。不过，这不算分不清过去和现在的例子，只能说过去的记忆消失了。

要做父母的伙伴

前面写过，有一次，我不过让父亲等了 10 分钟，他就很生气，说"我知道了，算了，你什么都不用做，别管我了"。当然，我不可能真的不管父亲，马上就开始准备午餐了。这种事情算不上"周边症状"，以前和父亲住在一起的时候，说不定也发生过类似的对话。

我把饭菜端上桌时，父亲已经忘记这一番对话，笑嘻嘻地说"我开动啦"。以前是不会这样的，如果才发生过那样的对话，我们之间的紧张气氛并不会马上消失。虽然父亲转头就能忘记，我却做不到。当时的那种情绪会一直挥之不去，我会认真地纠结着，既然父亲都那么说了，干脆真的放手不管他算了——只是稍微想想，我知道自己不能这么做。

父亲看得懂时间，但这不代表他生活在与其他人共通的时间轴上。每逢 8 点、12 点、17 点必须开饭，否则他就会生气，而这正是他没有活在共通世界里的缘故。因为，大体而言，即使三餐有固定的时间，有些日子稍微迟些也正常，只要不是迟得太过分就不算什么。如果一个人活在和他人共通的世界里，就能认可每天吃饭的时间多少会有些差异。不过，或许也有人会觉得，让父亲等 10 分钟的我才是活在自己时间轴上的人。

如果家属拼命纠正父母的错误，就会令父母在家中失去地位。作为子女，最好能够这么想：即使父母所言并非事实，那也是"他们眼中的"真实。只要父母的话不会给他们自身造成伤害，即便不是事实，也不该人人都指责他们的话荒唐无稽，而是需要有人站出来接受他们。

这里说的"接受"，不代表一定要认可父母的话。只是如果所有人都一直否定父母的言语、指出他们的错误，父母就一个伙伴都没有了。

要不要承认"他者"的存在

当父亲待在自己的世界里不想出来，又不想把我当成"他者"的时候，照护就会很变得令人很痛苦。这里所谓的"不当成他者"，其实不难理解。例如有时候，我们忽然感觉有人在看自己，但抬起眼来或是回过头去一瞧，却发现只是一个人体模型，我们就会放下心来。因为人体模型和人不同，没有任何的感受与想法。

可是，如果我们觉得有人正看着自己，抬起头来发现确实有人在看自己时，就会感到羞耻。照镜子时，看到镜中的自己，我们不会产生任何的想法和感受。可盯着我们看的人，和我们一样拥有想法和感受，所以我们才会感到羞耻。

和父亲待在一起时，当然，父亲是个会思考也有感受的人，但我不认为他看待我的方式与我看待他的方式相同。一般我问他些什么，他就会答些什么。我去照护机构探望父亲时，会问他"身上哪里疼吗？饭好不好吃？夜里睡得好吗"，他则会回答我"哪里都不疼，饭很好吃，夜里睡得挺好"。但是，父亲绝对不会询问我的状况。我甚至觉得父亲根本对我毫不关心。这意味着，父亲没有把我当作"他者"。

　　我认为，认知症好转的表现，是重新获得了将别人看作"他者"的能力。然而，比起转头就忘事的记忆障碍，这方面的恢复要困难得多。不过，父亲偶尔也有能够把我看作"他者"的时候。

　　前文写到过日托机构的益处。日托机构在治疗方面的效果在于病人可以和其他病人、工作人员交流。不过，我观察了一下父亲在机构里的情况，发现工作人员会跟他搭话，可和我们在家里时一样，父亲并不会问工作人员问题，病人之间也几乎不会对话。我经常看到有的病人和其他病人搭话，而被搭话的一方却没有回应。

　　有一次，父亲疲惫不堪地从日托机构回来。吃过饭后，他发了一会儿呆，突然问道："下雨了吗？"我回答说"没下雨"，父亲便这样讲：

　　"趁现在回去吧。路上小心。我也要睡了。"

父亲的话让我吃了一惊，因为他经常不知道自己在哪里、为什么在这里，可从刚才那番话看来，他已知道我住在哪里。

我在解释定向障碍时讲到了，父亲以为我没结婚。母亲去世后，我结婚之前一直和父亲住在一起。我们俩都没做过饭，于是立即陷入了困顿。在外面吃腻了之后，父亲说："得有个人来做饭。"当然，那个人是我。于是，从来没做过饭的我买了书，第一次下起厨来。

因此，父亲完全没有做饭的打算，一直是我动手。由于那时我没有正式的工作，父亲总是责备我，让我早点找工作。当时市面上几乎没有搞研究的岗位，他一再催促，我也无可奈何，可父亲理解不了这一点。父亲从学校一毕业就参加了工作，所以我过了 30 岁还没有上班这件事，完全超出了他的理解范围。

反正，我有大把的时间可以自由支配，不管父亲接受与否，这都是既成事实，父亲似乎也对此习以为常了。有一天，我突然想到，父亲的意识是不是停留在过去呢？所以即使我每天都待在他家，他也没说什么。这么一想，事情就说得通了。有时我也怀疑，父亲是不是以为我们还住在一起，但并非如此。后来有好几次，我说起晚上一个人住很不安，父亲就问我"那能一起住吗"，我回答不能时，他用强烈的语气反问"为什么不能"，让我很吃惊。

我认为，如果父亲好转了，应该就会想起过去的事，或者不会再把刚刚发生的事转头就忘。父亲让我早点回去，证明他知道自己此刻在哪里，即使这种状态持续不长，也是好转的征兆。

父亲叫我早点回去的时候，是理解我的状况的。这时，我对父亲来说是"他者"了，可以在"他者"父亲的面前作为"他者"而活。如果说认知症好转了，那就会体现在能够认出"他者"一事上。

切勿提试探性的问题

在吃过饭这件事上，即便不是每次都会忘，但如果病人明显多数时候都立马忘记了，那就没有必要特意去问他们是否记得吃过饭了，因为提这种试探性的问题，只会破坏我们和父母的关系。

有一次，我让妻子替我照顾父亲，自己晚了一会儿才到他的住处，这时他已经吃完晚餐了。当时，我问他吃过了没。其实即使不问，我也知道他已经吃过了，根本没有询问的必要。然后父亲这么说：

"如果我说不记得吃没吃过了，你还会再端一碗饭来给我吃吗？"

说完，他大笑起来。我们在一起时，有很多这样那样的龃龉，而这却是一个意外到来的幸福瞬间。父亲一笑，我就立马松了口气，但也觉得被父亲赢走了一局。

不必期待父母说"谢谢"

心里认为对方不如自己，是会在话语中流露出来的。无论对父母还是对子女，当他们有什么事情没做好时，如果我们大声斥责，就是把对方看得比自己低。

表扬子女也是如此。因为把子女看得比自己低，当对方出乎意料地完成了某件我们以为他们做不到的事情时，我们会说出"挺厉害的嘛"之类的话。我觉得这种说法对子女很失礼，说话的人未必是有心的，但"挺厉害的嘛""做得好"这样的话是在评判对方。不仅是父母对子女，成年人之间也有同样的现象。

我们有必要回想一下，有没有对父母做过同样的事。即使自己没跟父母说过这种话，但听到父母周围的人夸奖他们"挺厉害的嘛"时，作为家人的我们也会感到不舒服，理由也是一样的。

无论子女还是患了认知症的父母，与我们都是平等的，因此，本来就不该斥责或表扬他们。

以上的道理也适用于我们自身。我们不应该期待自己被表扬。在我的理解里，"谢谢"这句话是在关注一个人的贡献，表扬则是能力高的人对能力低的人居高临下的评判，二者是不同的。不过，如果就连这句"谢谢"都期待能从别人口中听到，我们就和想受到表扬的孩子差不多了。遗憾的是（或许有人会这么觉得），照护者并不一定能从父母那里听到"谢谢"。

我父亲从前并不是一个会说"谢谢"的人，可现在，如果我给他端了饭菜之类，他倒是一定会道谢了。听到别人说"谢谢"当然很开心，可要是别人不说"谢谢"就感到不满也太奇怪了。为父母做出贡献，这件事本身就值得高兴，一个人如果听不到父母道谢就不满意，那他的照护之路一定是很令他难受的。

在存在的层面上接纳父母，给他们勇气

我家附近住着幼儿园同学的母亲，我们经常在街上遇见。

有一天，我问她："您多大岁数了？"她回答："八九十岁了。"然后她对我说"你也长大了呢"，让我有些困惑。不过，应该是因为她还记着我小时候的样子吧。后来，我有一阵子没遇见她，有些担心，但某天早上路过她家门口时被她叫住了。原来，她干了一份帮上学、上班的人看管自行车的工作，每天很早就去值班了。因为有事情做，所以她看起来精神很好。

孩子生病发烧时，平日里觉得他们精神太好、太能折腾的父母，这时只会盼着他们早一点好起来，希望他们无论如何都要活下去。要是不光在孩子生病时，父母平时也能这么想就好了，可一旦孩子恢复健康，父母多半就会忘记之前的心情。也就是说，只要父母能在存在（生存）的层面上包容孩子，即使孩子在日常行为的层面上令父母烦心，也是能被原谅的。

站在子女的立场上对待父母也是一样的。如果能在存在的层面上接纳父母，那么，哪怕他们昨天还做得到的事情今天做不到了，也不是什么问题。父亲夜里是一个人度过的，所以我每天早上过去时，在见到他之前都非常担心。我到他家时，大多数时候他已经起床了，但要是一进房间发现他还没起来，我又会无比担心。这种时候，为了判断父亲是否还有呼吸，我会观察他的胸膛是否在起伏。知道他是在熟睡的那一刻，我才总算松了一口气。"幸好他还活着。"如果将这一点当作与父母关系的基点，那么之后不论再有些什么良好发展，都是额外的奖励了。

父母看似什么都没做，实际上却是将整个家庭凝聚在一起的象征，这就是他们的贡献。有时候，只有当父母去世后，其他家人才会开始留意到家庭关系没那么和谐了。

前面已经写到，以生产力来衡量人的价值的人、将拥有生产力视为唯一价值的人，在自己年老力衰之后，就有可能悲伤消极，决定不去面对现实。但是，如果家属能注意到父母的贡献，给予他们勇气，或许就能延缓认知症的病情发展。不过，事已至此，再后悔当初没有给予父母勇气，也是于事无补了。

对于怀有"没有生产力就没有价值"这种信念的人，现在我更加想要告诉他们，"活着"这件事本身就是一种贡献。

父母只要活着，就是对家人的贡献

父亲长年独自生活，不过从某个时间点开始，他给我打来电话时，声音听起来变得虚弱了。因为他经常诉说身体不适，所以挂了电话后我总是在担心。

4 年前，我因为心肌梗死住了院。现在回想起来，当时父亲还算健康，也来探了病。我想，父亲当时应该觉得自己有所贡献吧。因为子女生病而感觉自己做出了贡献，这多少也有些奇怪，但我觉得，比起完全不担心子女来说，一直担心子女，有时甚至为他们的生活方式感到不满、生气或不安，才是父母健康的表现。

与年迈的父母相处时，并不需要特别关注他们能做些什么。可以说，即便想关注，也办不到。如果一个人认为父母要做到点什么才有价值且只关注这种事的话，一旦父母昨天还做得到，今天却做不到了，他就会渐渐变得对父母无话可说。

不过，正如前面说的，父母其实并不需要做到什么，他们只要活着，就是对家人的最大贡献了。这一点，我们有必要清楚地表达出来。并非彼此是家人，有些话就不用明说也能懂。即使是家人，或者说恰好因为是家人，才更应该好好地表达。哪怕为了一桩小事，也可以说声"谢谢"。当我们看到父母把饭菜都吃光而为此开心时，可以说声"谢谢"；也可以主动告诉他们，因为有爸爸、妈妈在，我们才感到安心。

正如我前面写过的，父亲年轻时不会道谢，但搬回这里之后，每次我给他做饭他都会说"谢谢"。年轻的我和父亲两人一起生活时，完全没想到有一天会从父亲嘴里听到这样的话。即使父亲不对我说谢谢，而是对我说一句"因为有你在，我才能安心睡觉"，我也会感到很高兴。如果自己听到这样的话语很开心，那便告诉父母自己很开心吧。因为这样一来，父母会觉得自己说了这样的话也是有所贡献的。道谢不应该针对特别的事。如果只为特别的事而道谢，就会挫伤年迈无力的父母的勇气。

父亲除了吃饭，其余时间几乎都在睡觉，其间我就一直对着计算机写稿，或是看书。有一次，我把这情况讲给朋友听，朋友说"能被父亲监督着工作，真好啊"，让我有些吃惊。不过正如朋友所说，要是我待在自己家里工作，累了应该也会想做点别的事，无法集中精力干活儿。但正因为照看父亲，我才能每天阅读大量的书，推进手头的稿子。

当父母知道，自己不必做什么特别的事也能对家属有用时，就可以学会不去做惹家属焦躁生气的事了。如果父母的一些行为令家属困扰，家属只须去关注父母的贡献而非他们的问题行为就可以了。而且，要关注的不是那些特别的贡献，而是"父母活着"这一点本身。

现在父亲还认得我是谁，可如果有一天他不记得我了，我也没必要改变对待他的方式，只要想着"今天我是头一回认识这个人"即可。我知道，要做到这个并不容易。今天，我要抱着"自己是在这个瞬间初次遇见这个人"的心态开始这一天——这么想的时候，过去就不复存在了。

实际上，过去并非不存在了，不仅如此，在这一瞬间我还会想起过去几十年的事情来，只不过我或许已经无法确定回想起来的东西是否真实发生过了。有的回忆很美妙，有的则不然。多数回忆都是令人不愉快的，但之所以会想起这样的回忆，是因为我并不打算和父亲保持良好的关系。

但是，无论你之前与父母的关系如何，只要无法回避照护父母这件事，为了不让照护过程变得令人痛苦，最好就以"今天刚刚认识这个人"的心态来对待父母。

如果可能，要尽量趁早改善与父母的关系，因为这样一来，到了不得不照护父母的时候，子女的心理负担才会相对较轻。当然，如果还来不及准备就要开始照护了，现在开始改善关系也不迟。

拥有"贡献感"的意义

我深知照护有多辛苦，但有一点还是要讲。照护父母能够带来"贡献感"，因而能让照护者感到幸福。要理解拥有"贡献感"意味着什么并不容易。有的人不仅限于照护场合，在日常生活中也希望别人对自己心怀感谢，这样的人恐怕会觉得照护很痛苦。父母不会经常说"谢谢"，但父母并非有意如此，或许只是很久以前，早在他们还不需要照护的时候，就没有道谢的习惯。有的子女也不喜欢跟父母说谢谢，如果是这样，还反过来期待父母道谢，就太不公平了。

照护并不是在所有人看来都一样辛苦的。我并不是在说照护很轻松，而是在说照护的感受如何，取决于你赋予了它怎样的意义。父亲如今会对我说"谢谢"了。听到他道谢，我确实是开心的，不过，要是期待听到"谢谢"，听到这句话才会产生"贡献感"，那一旦有一天父母不再说"谢谢"了，或父母确实原本就不会说"谢谢"，就会让人觉得照护很辛苦。

确实，如果刚刚给父母端过饭菜，转眼他们就说自己还没吃过饭，这就会令人失望，从而丧失做事的动力。我也明白，无论做了什么父母都不记得，或是用理所当然的态度来看待你的付出，就算能够忍受照护工作本身的艰辛，这些事情也会让人感到一切毫无意义。

但是，如果你确实无法从父母那里得到什么，就只能接受这个现实，从现实出发来行动。我的家人都在外工作和学习，他们回家时，我经常为他们做晚饭，不过有一次，女儿回来得比平时早了些，还说"今天吃咖喱饭吧，我帮你"。她能搭把手对我来说真是帮了大忙。于是我干劲十足地去买了食材准备动手。不过，说要帮忙的女儿却一直没有进厨房。我都把菜切好了，她才姗姗来迟，帮我做了后续的工作。

这种时候，要是女儿真如她一开始说的那样来帮忙，那是最好的；即使她没来帮忙，我也会像平常一样自己准备晚饭，且光是这样就会觉得自己做了贡献。从结果而言，女儿是来帮忙了，可即使她改变主意说不帮我了，也不会影响我的贡献感。

与父母的关系也是一样的。我认为，有机会为父母做出贡献是很重要的，要是一件事能让我们产生贡献感，就不必再期待从父母那里获得感谢了。

子女无法让父母变得幸福

父母无法独立生活，对子女而言是件悲伤的事。但是，子女并不能让父母变得幸福，这一点是我在照护中秉持的基本信念。

人在生命中的任何一个阶段，都不可能因为他人而变得幸福。养育孩子时，父母都希望让子女过得幸福。希望子女幸福并没有错，只不过父母无法让子女获得幸福。子女终归要靠自己的力量活下去。当然，在子女还小的时候，需要父母帮忙打理各种各样的事，但通常早在父母意识到之前，子女就要自立了。如果两代人的关系良好，这种自立可能来得早一些；不过，如果父母在子女看来是反面教材，子女也可能下定决心趁早自立，因为他们觉得无法依赖这样的父母。要是子女能因此自立，倒也算教育子女成功了。有人说，子女即使没有父母也会长大；但有父母在，子女也同样会长大。父母并不能让子女变得幸福。父母能做的只是当子女希望父母在这方面提供帮助时伸出援手而已。实际上，我认为父母能为子女做的事并不多，因为父母不能代替子女去生活。

同样，子女在照护年迈力衰的父母时，也无法让父母变得幸福。当然，这并不是说我们就什么都无法替父母做了；而是在说，身为子女，我们有必要区分自己能为父母做些什么、不能为父母做些什么。

我看着父亲整天除了吃饭，大多时间都在睡觉，我就会觉得"这样岂不是太没有乐趣了吗"，我希望他能做各种各样的事，让每天都过得充满意义。子女产生这种想法是子女的自由，但是，我们不能把这种想法强加到父母身上。不然，我们就和那些希望孩子别总看电视、多去学习的父母一样了。

第四章　要点

- 父母只要活着，就是在做贡献。
- 成为父母的伙伴。
- 人无法通过他人的力量获得幸福。

/ 第五章 /

面对疾病，医生、护士和家属 能做什么

医生、护士与照护者的关系

父亲变得无法独自生活后，便在我的劝说下，搬回了从前居住的家。不过，之后该怎么办，当时的我毫无头绪。

于是，我想到要利用官方的照护制度，就去了市政府的福祉科一趟，结果被告知，使用官方照护服务，需要先进行照护需求程度评级。我想了解一下需要为此做些什么，但对方只给了我一张让主治医生填写的纸。

我想，父亲有旧疾，所以当务之急是给他找家新的医院，请医生开个诊断书。我以前没陪父亲去看过病，只是从他口中听说了情况，不太了解具体的细节。据父亲说，在他之前看病的医院里，主治医生说他的肺气肿是治不好的，所以他和医生吵了一架，然后就再也没去过那家医院了。

父亲因心绞痛接受治疗后，很多年里都会定期去医院体检。不过，不知从什么时候开始，他就没再去检查了。现在想想，真不该把看病的事交给父亲，我应该先了解一下什么样的病需要服用什么样的药。当时的父亲恐怕并没有好好吃药。

肺气肿和心绞痛要在不同的科室就诊，应该分别去呼吸科和循环内科，不过最后我们去了我患心肌梗死住院时看的内科。在那里，父亲开到了新的处方药。

这样看过一次诊后，我就不知道接下来该怎么办了。幸好，我的小舅子很了解照护制度，告诉我每个片区都有"地域包括支援中心"①。于是我给中心打了电话，对方很快就派了照护管理师上门，开始推进判定照护需求程度的程序。

我认为，照护不能靠家属，或者说不能全靠家属，必须利用照护制度。如果不利用照护制度减轻负担，那么照护的日子一长，家属一定会觉得非常不适应。

话虽如此，但实际上，我们也不能完全把照护交给别人来做。因为，护士和护工当然不可能随时都能上门。因此，就算利用了照护制度，家属要做的事仍然非常多。

----

① 地域包括支援中心是日本各地区政府设置的社区性福利支援机构。——编者注

我考虑的是自己能否成为照护的"管理负责人"，也就是在上门的照护管理师、护士、护工以及日托机构管理人员之间负责联络、协调的那个人。从职能而言，这其实是照护管理师的工作；需要变更照护需求程度时，负责照护父亲的护士、护工等人会开会讨论，其实并不需要家属来协调什么。但是，只有家属才能长期陪在病人左右，而照护管理师等人无法取代家属的陪伴。

一个人照护父母很辛苦，所以，有时也可以拜托家人或没有住在一起的兄弟姐妹帮忙。这个时候要是有人能告知来帮忙的人父母平日里情况如何，人家就会知道该怎么做，而不至于手足无措。

在母亲住院期间，我准备了笔记本，把母亲的状态、做过的治疗与检查、医生和护士是谁都写了下来。如果我不在场时发生了什么，只要看了笔记本，在场的人就能马上了解情况。那时，我在母亲的床边陪伴了许久，写了大量的笔记。看到笔记的护士说我写的是"生死簿"，让人害怕。其实我并没有在笔记里评价护士，它不过是护士写的护理记录的家属版罢了。

在家照护父亲的那段时间，我也有做笔记的习惯，并且让护士和护工每次上门时也写一写。这样一来，他们在正规的记录之外还得额外写笔记，其实是给人家增添了负担。可我常常不能守在父亲身边，如果不能听他们口头转述父亲的情况，那么能在笔记上读到也很感激了。

负责照顾父亲的人都很热心肠，不过我还是感觉到医生之间、医生与护士之间有时也存在意见的分歧。医生和护士之间倒是问题不大，但同时有两位主治医生这一点，时常让我感到自己必须小心应对。其中一位主治医生是父亲最初看病住院的那家医院的医生，另一位则是负责给予上门护士指示的附近医院的医生。夹在两位医生之间的体验并不好，可为了保护父亲，我必须有自己的主张。

"这是'诉求'，不是'投诉'。"有一回，我这么对护士说。确实，如果不具备关于疾病的专业知识，有时很难理解医生的话；但是，即使不具备专业知识，医生的话前后不一致或者不符合逻辑时，我也是听得出来的。

最重要的是，为了能眼中看到人，而非只看到病，光有医学知识是不够的。前文写过，父亲之前去看病时和主治医生吵了一架。就这件事来说，要是当时医生看到的不仅仅是病，还看到了父亲这个人的话，或许就会怀疑他可能患了认知症。

问题是，我可以信赖护士们，却无法信任医生。循环内科的医生虽然看了数据，但似乎没打算亲眼看看父亲的身体。去就诊时，父亲明明告诉他脚背肿了，他却连袜子都没让父亲脱掉。大概是觉得只要按按脚腕，不用看脚就知道情况了吧。当我把这个情况告诉护士时，护士回答说："确实有这种事，（遇上什么样的医生）是看运气的。"可是，这个"运气"或许关系到人的生命，若是出了什么事，可不是一句"运气不好"就能了事的。医生之间意见有分歧是无可奈何的事，但绝不能让病人和家属受到牵连。

对医生的不信任

我对医生的不信任，是在父亲住院的时候出现的。父亲过去患有心绞痛，所以住院时，由循环内科的医生担任了他的主治医生。

父亲出院后，每两个月都会再找这位医生复查一次，但医生每次都是将验血结果告诉父亲，而不是我。当然，父亲才是患者，医生选择告知他而非我，倒也没有错。可同一家医院的脑神经内科的医生已经将父亲诊断为认知症，要是知道这一点，就该明白父亲根本听不懂验血的结果。即便医生觉得这样判断太武断了，也该看看父亲能否听懂他的解释，再继续讲才对。

父亲年轻时经常去医院，由于在与药品相关的公司上班，也长期和医生打交道，所以即便面对年轻的医生，父亲也会无条件地尊敬，老老实实地听对方讲话。护士上门时，他连眼睛都懒得睁开，而医生来看诊的时候，他却会端坐在床上。看父亲和医生对话的模样，简直和过去没有丝毫的差别。

说起来，我自己住院时，也有护士在我面前读着其他护士写的护理记录，念道"皮肤状态好像不错"。当时我就想，皮肤状态如何，直接看看我不就知道了吗？或许在我没注意到的某个瞬间，她已经看过了我的皮肤状态，不过当着患者的面这么做还是让人难以理解。

对专业工作者的期待

曾经有人问我，作为一名照护者，当前对上门服务的护士、照护福祉士以及定期来看诊的医生有哪些期待。

我最期待的其实是父亲的病能好起来。可由于认知症很难治愈，因此就不能把治愈当作目标。父亲刚搬回来时，经历了一阵子的混乱，后来情况稳定了下来，从这个意义上说，父亲确实是好了起来。这当然是很令人高兴的。不过，如果以半年左右的时间尺度来看，也不能否认他的情况是恶化了。

因此，我对负责照护父亲的专业工作者的期待是，比起希望他们改善父亲的症状，我更希望他们能够帮助父亲过上安稳的日常生活，即便这样的生活不知道能持续多久。要做到这点，身体方面的护理和照护是必需的，因为清理擦拭、洗澡、排便管理之类的事家属很难做好，因此非常需要帮助。而像打扫房间、洗衣服之类的事，虽然我也能做，但专业工作者当然比我做得好太多。托他们的福，父亲才能舒适地生活。

不过，我期待的并不仅仅是这些身体方面的帮助。我还是希望父亲能够没有痛苦地安度晚年。这里的痛苦，不仅仅是指身体上的痛苦。前面我已经写过很多次，人并非得了认知症就不会苦恼了。我希望父亲没有身体上的痛苦，也希望他能少承受些精神上的不安。

因为一直照护父亲，关于认知症，我了解的比从书本上学到的知识更多，无奈却不认识其他患者。我经常问护士，能否预测父亲今后会变成什么样子。当然，每个护士的情况都不一样，但我认为他们见过很多患者，将过往的经验和对父亲的观察做比较，作为专业工作者应该能得出一些判断。有位护士肯定地告诉我："（今后）不会好转的。"由于我和那位护士建立了充分的信赖关系，加上对方是专家，这样的说法我是能够接受的。当然，话题并非到此为止，接下来要提的问题是，既然不会好转，今后又该怎么对待父亲。况且，正如我一直在表达的，所谓的"治好"并非只能体现在脑部 MRI 检查结果的层面上。

另外，看到父亲一边平静地微笑，一边说话的模样，我很希望他能保持精神稳定的状态。为此，就需要精神方面的帮助。每次看到工作人员耐心细致地和父亲交谈，我都不禁惊叹。要是只有家属和父亲说话，气氛或许会变得很严肃；而要是有更多的人参与进来，就像外面吹进来的风一样，可以帮助父亲及照护者维持精神上的安稳。

白天，我总是会和父亲一起待很长时间，每次护士一来，我都会松口气。如果哪天没有人上门，我清晨一想到这点就开始心情低落。要知道，护士与护工虽是为了照顾父亲而来的，但照护者和他们说上几句话，也能从中获得巨大的力量。有时，我说的几乎都是些抱怨的话，可他们肯耐心倾听，让我非常感激。

因为担心父亲一直躺在床上，让他活动下身体或者做点什么事情当然是有意义的。但专业人员对他的帮助，并不仅限于不让他光躺在床上。我还希望能够避免父亲与其他人疏远、与世隔绝，为此，就必须让他维持和其他人的关系，而这一点光靠我和家人很难做到。尤其是即使我平时都和父亲待在一起，也不能说和父亲维持着充分的连接。

前面写到了"表扬"的问题。听到护士和护工表扬父母时，我们会直率地跟他们指出这么做存在问题。如果双方是平等的，本来就不会出现"表扬"这种行为。面对精神矍铄的老人，我们是不会说出"挺厉害的嘛"这种话的。也有人会表扬患了认知症的父亲，不过，这是多数人都会落入的陷阱。

对于照护者而言，患者平时的状态才是关注点。因此，当护士们说起父亲在他们面前多么——比如说，平和温厚时，有时我会感到不愉快。他们其实可以问一下我"他平时是什么样子的",或者采用"今天这么跟他一说,他就表现得(比如说)很平和"的表述,我也更能接受。

生病的状态并非"低水准"

到目前为止,我已经多次提及珍惜"当下"的相伴了。和这个理念或许不相容的是,对于专业的照护工作者,我更希望他们能以父母过去最好的模样来看待父母。

对家属来说,过去的回忆未必总是美好的,因此,放下与父母共同走过的历史,下定决心从"当下"出发与父母相处,是改善亲子关系的必要做法。不过,对于因为照护才第一次与父亲接触的人,我还是想让他们了解父亲过去是什么样子的。

鹤见俊辅讲到过一位医生,他在患上认知症后,讲话的措辞习惯也没有改变。"不能以病人患病后水准最低的状态来看待这个人。即使这个人得了病,也不能把他过去高水平的模样从记忆中删除,这一点很重要。"

我和父亲相处已久,但是另一些人,比如父亲的主治医生及护士只见过父亲现在的样子。当然,这再正常不过,但我总是想着要是能让他们认识以前的父亲就好了。我给护士看过父亲年轻时的照片，还有他晚年学习绘画后的油画作品。护士们看了照片后说我和父亲不怎么像，让我不知怎么回应。但我总觉得，他们已开始用稍稍不同的眼光去重新看待父亲了。

照护机构曾拜托我填写调查问卷，我写上了父亲会画画这件事，于是，工作人员注意到这一点后就开始督促父亲画画，结果发现他画得很好。父亲不仅会玩填色游戏，还能像过去那样用彩色铅笔和颜料临摹照片，甚至轮廓勾画和用色还比当初在家里的时候做得更好了。

我并不认为人生病的状态就是鹤见所说的"低水平"。毋宁说，病人和高龄老人才更加接近人生的真理。

请求别人的帮助，并预留被拒绝的余地

到此为止，我写的都是向专业的照护工作者请求帮助的事，但我们不可能时常使用专业的照护服务。其实绝大多数时间里，还是家属在应对父母。独自照护父母是非常困难的。不要总想着只能由自己来做照护，也可以向其他家属，比如兄弟姐妹求助。要是坚决不肯求助，长此以往照护就会变成令人无法承受的沉重负担。

在求助时，无论自己平时照护父母花费了多少时间与精

力，最好都不要跟其他家属强调这一点。也就是说，拜托别人时，千万不要摆出"照护很辛苦，所以你们来帮我分担也理所当然"的姿态。

因为，这种时候，你只能求人。所谓求人，就是要给对方留出拒绝的余地。"你也为人子女，来照护父母是理所当然的"，如果这么一说，那些本来认为自己有义务照护父母，当下却因种种缘由无法尽责的人，就会对这种大道理产生逆反心理。就像被父母叮嘱去学习的孩子一样，孩子或许早就觉得自己应该去学习，但被父母这么一说，可能反而决定不去学习了。

即使求助被拒绝了，也不要勉强对方。正如和父母的关系一样，发生权力之争，只会让关系恶化。

基本的理念应该是，首先要下定决心由自己来照护，然后不要一切都由自己承受。除非别人就住在附近，否则是很难拜托别人来帮忙的。即使有兄弟姐妹，也不能太指望对方来分担照护工作。话虽如此，这样下去自己的身体也承受不住。所以，我们要想想如何求助，对方才不会拒绝。

首先，正如刚才所写的，不能摆出"我做了那么多照护工作，你出点力也理所当然"的态度，强行要求别人帮忙。这一点非常重要。

其次，要以"不管别人怎么做，我自己会如何做"的态度来做决定。当别人无法像你所期待的那样来帮忙时，为此与对方闹矛盾是不明智的。

最后，就是照护者的意识问题。不要把照护当成很辛苦的事。如果总是跟家人抱怨平时里做照护多么辛苦，那么对方听到这事这么辛苦，是不会想着帮你分担的。和做家务一样，如果老想着"为什么其他人吃完饭舒舒服服待着的时候我得洗碗"，让家人自己洗自己的碗，对方就会立刻抗拒。被指责的人即使内心感到愧疚，被这么强硬地一说，也就不想承认了。

倒是当你因为只有自己洗碗而产生贡献感并为此开心时，或许会有家人主动来帮你。当然也有可能根本没人帮你。

照护中如果无人帮忙，我们会非常难办。可如果责备那些不帮忙的人，只会令彼此的关系恶化，那样一来就更加没有人帮忙了。

在这种情况下，如果有人想放弃照护父母，也会无意识地破坏和父母的关系，并以此为无法继续照护父母的理由。即使父母的言行未必有问题，但为了让自己觉得无法继续照护他们了，也会故意从父母的言行中寻找问题，而问题是很容易被找到的。这样的话，可以说是他们自己把照护变成了辛苦的事。

第五章　要点

- 一定要利用好照护制度。

- 病人与高龄老人更接近人生的真理。

- 求助的时候，要保留被拒绝的余地。

第六章

理想的养老社会如何建立

我一直希望日本社会能成为一个人们不用担心患上认知症的社会。拿自动贩售机来说，各种贩售机的用法并不统一。JR（日本铁路公司）和各私营铁路公司的贩售机都不一样，卖饮料的贩售机也各不相同。如果是人工窗口，即使顾客说错了什么，工作人员也多少能明白顾客想要的是什么；可如果对面是计算机，它就不能灵活变通了。即使不是老年人，也会有感到束手无策的时候吧。我理解对于不爱和人打交道的人来说，自动贩售机能减轻社交压力，让人不那么紧张，我个人也不主张把操作方法全部统一。可是，有的自动贩售机是自动找零，有的不摇动手杆就无法找零，这会令人很困惑。父亲曾经塞了钱进去，却什么东西都没出来，为此他很生气。我也不知道该在哪方面做些改善，可如果不用自动贩售机，就不会遇到这些操作上的麻烦了。

　　我认为，有必要创建一个能像接纳无法独立生活的幼儿一般接纳高龄老人的社会。但事实上，要说现在的社会能宽容地接纳幼儿，很遗憾也并非如此。如果孩子在电车里哭，家长就会感受到来自周围乘客的无声压力。一些人会说，如果家长不能教导孩子别哭，就不应该带孩子坐电车。这些人大概没有带孩子出行的经验，也忘记了自己曾经也是个孩子。

我想把建立一个婴幼儿、老人及其他所有人都能安心生活的社会作为长期目标，并且探讨为了实现这一点，我们能够做些什么。

话虽如此，在建立起理想的社会之前，我们不可能就不照顾老人了。我们必须思考，如何才能建设一个认知症患者也能安心居住的社会。正如我在讨论认知症的心理背景时论述过的，想做到这一点，就要先构建一个并非关注人一辈子能有什么建树，而是对于"活着"这件事无条件给予肯定的社会。

如何看待自己，如何看待世界

阿德勒心理学将一个人如何看待自己、如何看待世界称为"生活方式"。生活方式通常又被叫作"性格"，可与"性格"这个词唤起的印象不尽相同。生活方式一定不是天生的，而是只要想改变就能改变的——这是阿德勒心理学特有的观点。

生活方式虽然可以改变，但有时候，人明明知道现有的生活方式是种束缚，却也会因为习惯而难以做出改变。很多人的生活方式一直是以自我为中心，只想着别人能为自己做些什么。

即使是这样的人，也不总是将自己的生活方式暴露在外的。比如，很多人在外面老老实实，回到家里却作威作福，也就是所谓的"窝里横"。上了年纪后，常识（健全的判断力）对他们的抑制作用似乎变弱了。尤其是在家人面前，抑制作用已经消失，他们从前的生活方式便越发显露出来了。

这就和在梦里常识的抑制作用会减弱是类似的道理。梦里并不需要在意常识，什么都能做。现实中做不到的事，在梦里也可以模拟。

父亲恐怕就像活在梦中一样，有时常识起不到抑制作用。所以，我才能窥见他过去原原本本的生活方式吧。

生活方式或许看起来都是一成不变的，但如果周围能给予适当的帮助，其实能改变它。有的人身体不灵便，就只考虑自己，觉得获得周围人的帮助是理所当然的；也有人抛弃了这样的生活方式，选择了别的生活方式。

改善关系的决心能改变一切

然而，虽然我们下定决心就能改变自己的生活方式，却无法改变父母现在的生活方式。

我会问来找我做咨询的人是否喜欢自己，几乎无一例外都回答"讨厌自己"。我希望无法回答"喜欢自己"的人设法喜欢上自己。因为别的工具不喜欢还可以换，"自己"这个工具却是得一直用下去的。如果无法喜欢自己，人生就会很无趣。

很多人从小就一直被周围人说"你不能再这样下去了"。因此，无法喜欢自己的人，都会试图努力改变自己。可是，即使能够改变，改变后的人也已经不是自己了。如果自己都不是自己了，改变就没有任何意义了。

在继续做自己的同时，变成一个与过往的自己不同的人，这个目标乍一看不可能实现，我们该怎么做才能达成呢？一个方法是，搞清楚自己为什么不喜欢自己，为什么只能看到自身的缺点、短处和问题行为。对待孩子和父母也是一样的。正是因为不想与人产生关系，至少是不想积极地产生关系，才会老是在自己和对方的身上寻找可以算作问题的东西。

在照护父母这点上，如果和父母关系没能处理好，照护就会令人很痛苦。如果下定决心要和父母搞好关系，之前那种只看得到对方缺点和短处的情况就会发生改变。这时候其实只是子女改变了看待父母的方式，而父母本人并没有改变。一个人若对照护父母这件事态度消极，就会从父母身上找问题，然后以此作为照护很辛苦、无法照护父母的理由。可事实上，他们是先有了这样的想法，才开始从父母身上找问题的。

几乎可以这么说：只要我们改变了对父母的看法，父母就真的会改变。母亲去世后，在我和父亲两人一起居住的那段时间里，父亲自己不做饭，于是我一门心思地学起了烹饪。有一天，我花了好几小时炒面粉，做了咖喱饭，父亲吃了以后说："以后别做了。"

当时我和父亲的关系并不好，于是只觉得父亲的意思是"不好吃，所以以后别做了"。后来，我和父亲的关系发生了变化，才意识到自己当初误解了他的意思。当我们两人一起生活时，我还是研究生。父亲真正想说的是，"你是学生，得好好学习，所以不要再做这么费工夫的料理了"。事实上，我并没有跟父亲确认过他真正的意思，毕竟我想到这一点时已经是20多年后，父亲恐怕也早就忘记当时的情况了。父亲说过那样的话，这件事并没有改变，而我只是换了一种方式来解读那句话，和父亲的关系就立即发生了切实的改变。

对"活着"本身表示感谢

继续做自己，同时改变自己的另一个方法，就是为他人做贡献。虽说坚持做自己就很好，但并不是说目前的自己什么样子都可以。人要活下去，就不能一味地从他人那里索取。如果是小孩子，凭自己的力量什么都做不到，总是从他人身上索取也是没办法的事。但是，随着能力渐长，他们也必须越来越多地靠自己，若是一直依赖周围人的帮助，也会令周围人望而却步。当然，我们不可能什么都靠自己完成，在一些事情上求助于人也无妨，只不过，我们必须尽量自力更生。

对只能依赖他人生存的人说"保持现在的样子就好"，有被解读为"自以为是"的风险。不过，这句话真正的意思是"不必迎合他人的期待"。

我嘱咐了这么多，此外还想说，要想更加喜欢自己，就必须感到自己能够对别人做出某种形式的贡献。哪怕性格没有改变，但只要能感觉自己不是毫无用处，而是对他人做出了贡献，对自身的评价就会提升，从而获得前所未有的自信。说得消极一点，就是会觉得连这样的自己也有优点。如果能这样想，生活的姿态就能改变。

如上所述，人们在思考怎样才能喜欢上自己时，是不能脱离自己与他人的关系的。脱离了与他人的关系而喜欢自己，自恋者也能做到。

我建议父母对孩子说"谢谢"，是希望这样能让孩子感到自己对别人有帮助。同样的话当然也可以对父母说。

能对恰当的行为说"谢谢"是好事，但请注意一种情况——没有一种行为能让人将"谢谢"说出口。尤其是需要照护的父母，他们很多时候是无法通过实际行动为他人做出贡献的。很多人不再年轻且很多事情都无法靠自己完成时，就会无法接纳这样的自己。年轻人也有因病而无法活动自如的时候，困扰他们的不仅仅是肉体上的痛苦，还有怀疑自己已经不被社会所需要的不安，这非常容易让人失去生活的勇气。

因此，正如先前多次写到的，无论对孩子还是对父母，我们要道谢的原因，不是他们通过某个行为做出了贡献，而是他们活着这件事本身。

作为子女或父母，如果不必迎合他人的期待，没做什么特别的事也能获得认可，这就是无可取代的宝贵体验了。有了这样的体验，就会感觉"即使现在自己什么也做不了了，对周围的人也是有帮助的"，因而能够正确地看待自己。

前面写过，认知症的心理背景是对生产力的执着。既然如此，以"父母什么都不做是不好的"为由敦促他们做点什么，就是有问题的行为了。让父母画画、去日托机构或照护机构做复健和唱歌，都是重要且必要的举措，但请牢记这么做的意义不是为了让父母恢复曾经的能力，而是为了让他们在活动中度过开心的时光，哪怕事后他们并不记得。

也有人觉得自己已经帮不上别人的忙，在给别人添麻烦。尤其是年轻时就觉得非得有所成就才能肯定自身价值的人，一旦老了或者患了病，就会无法认可自身的价值。如果父母是这样的人，我们就要经常让他们意识到，在一切情况下，他们都是在"存在"而非"行为"的层面上帮助着我们。

要做到这一点，照护者首先必须在"存在"的层面上接纳自己，而非因为自己做了什么才接纳自己。只有能在存在的层面上接纳自己，才能同样接纳父母。前面写过，"保持现在的样子就好"的意思不是"什么都不做、一味接受别人的帮助也很好"。我想生过病的人都知道，在不得不绝对静养的时候，要接纳这样的自己，甚至认为自己在这样的情况下也算对他人有所贡献，是需要勇气的。

这正是父母现今所处的状况。照护父母时，我们不是因为对方做成了什么，而是因为"存在"这件事本身而肯定对方的价值。我们要学会这样想：父母现在的状况并没有给人添麻烦，即便一直都是在接受别人的帮助，也会因让别人产生了贡献感而变得有意义。

人生不是一条直线

古罗马政治家兼作家加图 80 岁才开始学希腊语。"就像为了缓解积年累月的干渴一样,贪婪地学习着。"他说。毛姆引用了加图的事例,说:"年轻时因为太耗费时间而尽量回避的事务,年老后就可以轻松地捡起来。"

你可能会认为,从常识上讲,80 岁才开始学习一门新语言是行不通的。人们为什么会这么想呢?因为年轻人眼中从出生到死亡是一条直线。老年人却不这么看待人生。将人生比作有起点和终点的直线运动是不妥的。在直线运动中,尽可能迅速高效地抵达终点很重要。但是,生活与效率无关。没有人想要尽量快速地跑完人生吧。亚里士多德说,还存在另一种形式的运动,比如舞蹈中的动作。人跳舞时,就结果而言一定会到达某个地方,但没有人是为了高效地到达某个地方而跳舞的。在这样的运动中,到达目的地并不重要,只要当下做着这件事就算达成目标了。生活和这样的运动是一样的,因为每时每刻都在达成目标,所以从几岁开始做什么样的事、有没有完成都无妨,只要能够享受那些时刻就好了。这就是我们能从老去的父母身上学到的活法。

敬老，意味着什么

"尊敬"的意思，就是看到对方本来的样子。"尊敬"在英语里是 respect，词源是拉丁语里的 respicio，意思是"看"或"内省"。弗洛姆如此解释："所谓尊敬，就是能够看到你本来的样子，知晓你是独一无二、任何人都无法取代的存在。"

我们都希望尊敬父母。那就要看到父母本来的样子，知道他们是无可取代、独一无二的存在，不进行美化，也不参照理想的父母给现实的他们减分，而是认可他们原本的模样。

平安无事地度过每一天时，我们很容易忘记但必须意识到的一点是，一旦家人比如伴侣、子女、父母生病或者遭遇事故，和那个人共同生活下去就不是理所当然的事了。

不仅是在那样的特殊时刻，即便是平常，我们也最好时时内省与重要的人的关系。这个人对我而言是无可取代的，即使现在生活在一起，终有一天也不得不告别。因此，要珍惜和这个人度过的每一天。即使出现问题，即使罹患疾病，即使对方和我们理想中的样子并不相同，也要把理想的形象从脑海中抹去，和眼前这个人生活——每天都像这样内省，坚定决心，尊敬之心就会油然而生。

父亲说："再怎么费劲思考，未来的时间也是短暂的。"相比一想起未来的事就为没有时间而焦躁的我，父亲看起来则更悠然自得。曾经，我是需要父亲保护的孩子，现在情况反过来了，要由我来照护无法靠自己力量生存的父亲。不过，和以往相同的是，我仍然能从父亲身上学到很多东西。

第六章　要点

- 如果能从周围获得恰当的帮助，人是可以改变的。
- 只有能在"存在"的层面上接纳自己，才能接纳父母。
- 看到对方本来的样子，才是"尊敬"。

参考文献

Adler, Alfred. *The Individual Psychology of Alfred Adler: A Systematic Presentation in Selections from his Writings*, Ansbacher, Heinz L. and Ansbacher, Rowena R. eds., Basic Books 1956.

Ross, W. D(rec.). *Aristotle's Metaphysics*, Oxford, 1948.

Shulman, Bernard and Berman Raeann, *How to Survive Your Aging Parents*, Surrey Books, 1988.

青山光二『吾妹子哀し』新潮社、二〇〇六年

アドラー、アルフレッド『生きる意味を求めて』岸見一郎訳、アルテ、二〇〇七年

アドラー、アルフレッド『人間知の心理学』岸見一郎訳、アルテ、二〇〇八年

アドラー、アルフレッド『性格の心理学』岸見一郎訳、アルテ、二〇〇九年

アドラー、アルフレッド『人生の意味の心理学（上）』岸見一郎訳、アルテ、二〇一〇年

アドラー、アルフレッド『人生の意味の心理学（下）』岸見一郎訳、アルテ、二〇一〇年

上野千鶴子『老いる準備 介護することされること』朝日新聞社、二〇〇八年

永和里佳子『介護ひまなし日記　新米ケアワーカー奮闘記』岩波書店、二〇一〇年

落合恵子『母に歌う子守唄 わたしの介護日誌』朝日新聞社、二〇〇七年

小澤勲『痴呆を生きるということ』岩波書店、二〇〇三年

小澤勲『認知症とは何か』岩波書店、二〇〇五年

加藤尚武、加茂直樹 編『生命倫理学を学ぶ人のために』世界思想社、一九九八年

キケロー『老年について』中務哲郎訳、岩波書店、二〇〇四年

岸見一郎『アドラー心理学入門　よりよい人間関係のために』KKベストセラーズ、一九九九年

岸見一郎『不幸の心理　幸福の哲学　人はなぜ苦悩するのか』唯学書房、二〇〇三年

岸見一郎『アドラーに学ぶ　生きる勇気とは何か』アルテ、二〇〇八年

岸見一郎『アドラー　人生を生き抜く心理学』NHK出版、二〇一〇年

岸見一郎『困った時のアドラー心理学』中央公論新社、二〇一〇年

岸見一郎『アドラー心理学実践入門』KKベストセラーズ、二〇一四年

北杜夫『青年茂吉 「赤光」「あらたま」時代 』岩波書店、一九九一年

沢木耕太郎『無名』幻冬舎、二〇〇六年

高山文彦『父を葬る』幻戯書房 、二〇〇九年

鶴見俊輔編『老いの生きかた』筑摩書房、一九九七年

ベイリー、ジョン『作家が過去を失うとき　アイリスとの別れ』小沢瑞穂訳、朝日新聞社、二〇〇二年

鷲田清一『噛みきれない想い』角川学芸出版、二〇〇九年

フロム、エーリッヒ『愛するということ』鈴木晶訳、紀伊國屋書店、一九九一年

辺見庸『私とマリオ・ジャコメッリー「生」と「死」のあわいを見つめて』NHK出版、二〇〇九年

ベルク、ヴァン・デン『病床の心理学』早坂泰次郎訳、現代社、一九七五年

堀江敏幸『めぐらし屋』毎日新聞社、二〇〇七年

三好春樹『老人介護 常識の誤り』新潮社、二〇〇六年

三好春樹『老人介護 じいさん・ばあさんの愛しかた』新潮社、二〇〇七年

モーム、サマーセット『サミング・アップ』行方昭夫訳、岩波書店、二〇〇七年

ユルスナール、マルグリット『ハドリアヌス帝の回想』多田智満子訳、白水社、二〇〇一年

読売新聞生活情報部編『私の介護ノート 1 』中央公論新社、二〇一〇年

読売新聞生活情報部編『私の介護ノート 2 』中央公論新社、二〇一〇年

KAWADE 道の手帖『鶴見俊輔　いつも新しい思想家』河出書房新社、二〇〇八年

Perrin, Tessa and May, Hazel『認知症へのアプローチ　ウェルビーイングを高める作業療法的視点』白井壮一、白井はる奈、白井佐知子訳、エルゼビア・ジャパン、二〇〇七年

/ 后　记 /

有一段时间，父亲在创作"自己的历史"。那时父亲身体还很健康，为了取照片资料来了我的住处一趟。父亲把需要的照片扫描并打印出来，然后就拿着它回家了。

父亲搬回旧宅时带了大量的行李，其中就有当时创作的"自己的历史"，里面写着这样的话：

"回望过去，在光辉的时代里，身边总是有家人相伴。现在，身边已经没有家人，子女也都独立，过着幸福的生活。回过神来，发现陪在我身旁的总是只有爱犬奇洛。回顾远方家人的照片，我回想起每个人都在奋力活出自己的人生，追忆起历史来。"

"每个人都在奋力活出自己的人生"，这种说法打动了我的心。我想了解父亲奋力活出自己人生的时代，于是在第二次和父亲共同生活的这段日子里，偶尔也会问起他的"历史"。

虽然最近发生的事转头就忘，很久以前的事他却记得很清楚。父亲住进照护机构后，我去探望的时候，他曾问"以前的家现在怎么样了"，指的就是他结婚之前住的地方。

母亲因脑梗死而病倒，像风一样转瞬就逝去了，后来我时常为此后悔。但我做到了和父亲踏踏实实地相处，这一次应该不会后悔了。

写父亲的事出乎意料地辛苦，很难写出理想的样子，中间我还停笔了好几次。可是，多亏了这个机会，或者更直接地说，多亏了父亲，我才能围绕衰老、死亡与疾病做更深刻的思考。我想，在此之前，我这辈子从来没有这么真诚地面对过父亲。

完稿时临近 10 月，父亲从阿尔茨海默病病房转入了普通病房，从单人间搬进了四人间。听到这个消息的那天，我不论脚步还是心情都轻松起来，从最近的车站出发步行了将近两公里。

在父亲 82 岁生日的那天，我带上了还很年轻、恐怕是结婚之前的他和母亲的照片去给他看。"呀，真怀念啊。"父亲这么说着，对照片上的录音机、唱片和火盆都表现出了兴趣，却对母亲只字不提。这令人很伤感，不过或许父亲内心深处也动摇了。

我在博客里写了自己要开始照护父亲之后，立刻就有许多人给我发邮件、打电话。这些人都有丰富的照护经验，给了我许多具体的建议，告诉我会遇到什么情况、在什么时候应该怎么做，令我非常感激。

这就像有一段时间，我早晚都骑自行车接送孩子上保育园，在到达保育园前，路上时常有人叫住我，和我分享各式各样的信息。我还经常和妈妈们（当时父亲接送孩子上保育园还不像现在这么普遍，所以这里是说"妈妈们"）站着聊天，交换各种育儿信息。那时我常常为不能顺心如意地抚育孩子而沮丧，因而得知了不仅仅是自己在为育儿问题感到苦恼，这些也就足以构成美好的回忆了。

如今的我也在照护父亲一事上获得了许多人的帮助。对有长期照护经验的人来说，我讲的这些内容不算充实，但我通过从许多人那里得到的建议获得了勇气，去度过大家印象中无比艰难的照护生活。我自己也想为正在做照护的人们贡献绵薄之力，所以写了这本书。

在这里，我想感谢在照护方面给予了我宝贵建议的大家，尤其感谢为护理和照护父亲尽心竭力的龟冈医院、照护老人保健机构"林间阳光"的各位工作人员，感谢平冈聪医生、岛田真久医生。

岸见一郎

2010 年 12 月

/ 新版后记 /

这本书是我在照护患上阿尔茨海默病的父亲时写的。原版后记里也写过，在照护年迈父亲的同时书写父亲的事，比想象中还要艰难。在对认知症和照护工作一无所知的情况下，我开始照护父亲，也曾怀疑这样做是否真的妥当。因为，和照顾生病的母亲不同，这时父亲已经老去，我必须不断思考自己该如何面对这个现实。

写书的时候，我心里并没有答案，不过，重读这本书时，我发现自己把写作时经常提及的内容也写到了这本书里。

其一是，人的价值在于活着本身。我写过，有了照护生病的母亲的经验，我明白了活着就已经值得喜悦，不过，让我对这一点产生更深领悟的，是父亲。

此外，我反复写到"活在当下"，这也是从父亲身上学来的。虽然刚发生的事转头就忘往往被视为应该改善的症状，但不为过去后悔、不为未来担忧，只在今天为今天而活，就这个意义而言，父亲向我们展示了一种理想的生活方式。

如今回头看看，我在照护过程中并非总是做到了最好，也常有判断错误的时候。不过，现在的我认为，照护者能做的事就是尽力做到当时能做到的最好水平而已。即使不能做到最好的照护，也应像"育儿做得不算完美但孩子也能顺利长大"一样，借用原版后记中父亲的话来说，就是父母也会"奋力活出自己的人生"。

后来，父亲于 2013 年 2 月去世，享年 84 岁。很早之前，父亲就嘱咐主治医生不要给他做心脏复苏按压之类的续命措施，因此最后的时刻，他是在我和妻子的守护下，在医院里安静地停止了呼吸的。

在停止呼吸之前，父亲流了眼泪。我试着和他说话时，监控着心跳和呼吸的显示屏上的波形出现了变化。我想，父亲在生命最后的时刻，应该是想向我传达些什么吧。我是在因心肌梗死而病倒的两年后开始照护父亲的，之前因为疗养限制了工作量，当时正打算多接些工作。我也想过，因为照护父亲，自己再也无法回归社会了。不过，正是这样的人生际遇，才让我得以和晚年的父亲亲密相处，我也为此感到幸运。

世上不存在不辛苦的照护，不过，希望这本书多多少少能帮助大家思考与父母的关系，以减轻照护的负担。

本书再版过程中，承蒙了文响社臼杵秀之先生的关照。在此表示感谢。

岸见一郎

2019 年 9 月